El detective mutante

IBERO-AMERICAN SCREENS
PANTALLAS IBEROAMERICANAS

Edited by
Manuel Palacio / Miguel Fernández Labayen / Vicente Rodríguez Ortega

Scientific committee

VOLUME 3

PETER LANG

Rubén Romero Santos

El detective mutante

Las adaptaciones cinematográficas y televisivas
de Pepe Carvalho

PETER LANG

Bibliographic Information published by the Deutsche Nationalbibliothek
The Deutsche Nationalbibliothek lists this publication in the Deutsche
Nationalbibliografie; detailed bibliographic data is available in the
internet at http://dnb.d-nb.de.

Este libro se ha realizado en el ámbito y con la ayuda del proyecto
"Cine y televisión 1986-1995: modernidad y emergencia de la cultura global"
(CSO2016-78354-P), financiado por el Ministerio de Ciencia e Innovación-
Agencia Estatal de Investigación del Gobierno de España y FEDER.

Imagen de portada: Eusebio Poncela como Pepe Carvalho en
Las aventuras de Pepe Carvalho (1986) © RTVE

ISSN 2699-1950
ISBN 978-3-631-84569-1 (Print)
E-ISBN 978-3-631-84863-0 (E-PDF)
E-ISBN 978-3-631-84864-7 (EPUB)
DOI 10.3726/b18117

© Peter Lang GmbH
Internationaler Verlag der Wissenschaften
Berlin 2021
All rights reserved.

Peter Lang – Berlin · Bern · Bruxelles · New York · Oxford · Warszawa · Wien

This publication has been peer reviewed.

www.peterlang.com

AGRADECIMIENTOS

Todo trabajo de investigación es, en buena medida, un trabajo colectivo. Este libro no habría visto la luz sin los consejos ni la generosidad de Carmen Ciller, directora de mi tesis. También quisiera expresar mi agradecimiento tanto a los primeros lectores, Manuel Palacio, Jean-Stéphane Duran y Antonia del Rey Reguillo, como a los últimos, el comité editorial formado por Vicente Rodríguez Ortega y Miguel Fernández-Labayen. No puedo ni debo olvidarme del grupo de investigación Televisión-Cine: memoria, representación e industria (TECMERIN), al que pertenezco, y en especial a sus miembros Ana Mejón y Juan Carlos Ibáñez. Como le ocurre a Pepe Carvalho, todos ellos constituyen parte de mi peculiar familia adoptiva. Han sido tan esenciales en su redacción como mi familia carnal, de mi madre y hermanos, sin cuya ayuda y cariño nada de esto hubiera ocurrido.

Índice

Índice

Capítulo 1:   Carvalho, modelo para adaptar

Como casi todas las historias protagonizadas por Pepe Carvalho, esta es la historia de una derrota. La de aquellos que, desde 1976, han intentado adaptar para el cine o para la televisión las novelas y relatos de Pepe Carvalho, uno de los personajes literarios y audiovisuales más populares de la democracia española. En la mayor parte de los casos, los resultados han cosechado una escasa repercusión entre el público y una displicente – cuando no desabrida– respuesta por parte de la crítica.

A pesar de los continuos fracasos, a los adaptadores les han sobrado motivos para probarlo. El material es abundante: una bibliografía que abarca un total de 25 títulos, entre novelas y libros de relatos, y lo jalonan hechos históricos: *Tatuaje* (1974) está considerada como "la primera novela negra" de la historia de la literatura española; *Los mares del Sur* (1979), la primera obra del género negro en ganar el Premio Planeta, el mejor dotado económicamente de las letras españolas; finalmente, *El balneario* (1986) es la primera ocasión en la que un personaje de ficción español recibe un tratamiento de serie independiente en el mundo editorial con la creación de la bautizada como "Serie Carvalho". A eso se le añade la repercusión internacional que otorga el haber sido traducido a más de 24 lenguas.

Con semejantes datos es natural que se haya convertido en el personaje literario más adaptado desde la reinstauración de la democracia. Tres largometrajes (*Tatuaje. Primera aventura de Pepe Carvalho,* dirigida por José Juan Bigas Luna en 1976. *Asesinato en el Comité Central*, por Vicente Aranda en 1982, *Els mars del Sud,* por Manel Esteban en 1992); una serie de televisión (*Las aventuras de Pepe Carvalho,* TVE, 1986); un telefilme (*Olímpicament mort,* TV3, 1986); y otras dos series de telefilmes, la primera de seis adaptaciones emitidas consecutivamente en 1999 (en la que se incluyen *El hermano pequeño, Buscando a Sherezade, La soledad del manager, Tal como éramos, Padre, patrón* y *El delantero centro fue asesinado al atardecer,* producidas por Telecinco/RAI 2/ARTE); y la segunda de cuatro espaciadas emitidas entre 2003–2005 (que incluyen *Cita mortal a l'Up and Down,* una segunda versión de *Els mars del Sud, La rosa d'Alexandria* y *El premi,* producidas por TV3/TVG/ARTE). La gran mayoría de estos trabajos se llevaron a cabo con ambiciones internacionales, como demuestra su financiación en régimen de coproducción. A este corpus habría que añadirle algunos proyectos que finalmente no llegaron a cuajar, como la serie *Carvalho en Buenos Aires*, e incluso lo que podríamos denominar una falsa adaptación, que comparte título y punto de partida con una de las novelas de la saga, pese a estar protagonizada por un personaje diferente (*El laberinto griego*, de Rafael Alcázar, 1993).

Resulta indudable que el personaje de Pepe Carvalho posee un tremendo atractivo tanto para los adaptadores como para la industria audiovisual, que siempre ha creído ver en su figura la oportunidad de desarrollar una franquicia o, como diríamos hoy, un producto transmediático. Cualitativamente, desde el punto de vista autoral, la carrera audiovisual de Pepe Carvalho se ha cruzado con la de nombres esenciales de nuestra cinematografía, como José Juan Bigas Luna, Vicente Aranda, Adolfo Aristarain (argentino de dilatada experiencia en España), o Enrique Urbizu. ¿En qué consiste su atractivo? ¿Por qué sus lectores son legión? ¿Por qué el cine y la televisión lo han cortejado de tal manera?

Carvalho y la cuestión del género literario y fílmico

Carvalho se construye en cuatro tiempos o, si se prefiere, en cuatro novelas, durante el periodo 1967–1979. En cada uno de esos momentos se le añaden rasgos que modelan su idiosincrasia, pero que también dejan espacio para una fértil ambigüedad. Así, cuando lo conocemos, se nos dice:

> "Ninguna descripción de Carvalho coincide con la anterior y ya no queda ninguna esperanza de que pueda coincidir con la ulterior. [...] ¿Quién es Pepe Carvalho? Todos los informes sobre él son muy secretos, pero también muy inútiles".

Tal es la presentación que realiza Vázquez Montalbán de Pepe Carvalho en su primera aventura, *Yo maté a Kennedy*, publicada en 1972. Pero ese no es Carvalho, o no es el Carvalho que sus muchos lectores recuerdan. Es un detective inscrito en la "estética experimental", por oposición "al magisterio realista de Camilo José Cela o Miguel Delibes" (Gracia y Ródenas, 2011, p. 139). Sin más referentes que las novelas de Ian Fleming y las adaptaciones de su creación James Bond, y un puñado de guiños a su propia autobiografía (charnego, comunista en la clandestinidad, represaliado, *gourmet...*),

Vázquez Montalbán construye (o más bien, deconstruye) una parodia del mismo. Se trata, en definitiva, de hacer mofa y escarnio de la política internacional franquista y de su sumisión a los dictámenes de Estados Unidos, motivo por el cual tendrá no pocos problemas con la censura de la época... que no serán nada comparados con su escaso éxito editorial.

Pero el personaje ya está ahí. Carvalho reaparece con *Tatuaje*, en 1974. Con el fino olfato que siempre le acompaña para descifrar el aire de los tiempos, Manuel Vázquez Montalbán se da cuenta de que las cosas están cambiando. Y no solo políticamente, sino también literariamente. Tras una etapa de feroz experimentación, la literatura y los literatos están virando hacia una forma de expresión más sencilla y menos críptica. Existe cierta disparidad entre los estudiosos a la hora de periodizar dicho cambio. Para algunos, encabezados por Sanz Villanueva, la fecha clave es 1975; para otros, entre los que podemos citar a Barrero Pérez, el año crucial es 1968. Sea como fuere, *Tatuaje* se publica en 1974 y, la que para muchos es la novela paradigmática del cambio, del regreso a "la narratividad y la historicidad" (Villanueva, 1992, p. 285), *La verdad sobre el caso Savolta*, de Eduardo Mendoza, se publica en 1975. Como Mendoza, Vázquez Montalbán ya ha intuido "la bajamar del experimentalismo narrativo" (Gracia y Ródenas, 2011, p. 659) y un año antes publica *Tatuaje*, su propuesta de revuelta "contra el ensimismamiento característico de la novela experimental y el *nouveau roman*" (Colmeiro, 2013, p. 29). Parte de los motivos para recuperar a Pepe Carvalho en *Tatuaje* tendrán que ver con la influencia de la obra del teórico marxista italiano Antonio Gramsci (*idem*). Vázquez Montalbán concluye que el intelectual debe tener una participación activa en los cambios sociales, y que la cultura popular es un medio tan válido como cualquier otro para impulsar la lucha contra las fuerzas hegemónicas. El escritor optará por un género tradicionalmente denostado en España pero que llama su atención por su particular utilización del realismo y la denuncia social. El mismo Vázquez Montalbán expresa este deseo en una entrevista en *Som-hi Raval*:

> "No empecé a escribir las novelas de Carvalho para ganar dinero. Las hice como un desafío a la novela que se hacía entonces, una novela impresentable, ilegible, bajo unas ínfulas de supuesta vanguardia. La réplica era hacer todo lo contrario: la novela de aventuras, de acción, con personajes completamente aliterarios como Carvalho". (Blanco Chivite, 1992, p. 134)

Tatuaje, publicada en 1974 será considerada como: "la primera novela negra de la posguerra y, quizás, de la historia de la literatura española" (Mota Chamón, 2000, p. 116). También es la piedra fundacional de un debate que todavía hoy sigue vigente. Los académicos discuten hasta qué punto es pertinente hablar de novela negra en España. Baste como ejemplo que, mientras Colmeiro (1994) prefiere hablar de "novela policiaca", Valles Calatrava lo hace de "novela criminal" (1991) y solo Mota Chamón de "novela negra" (2000). El mismo Vázquez Montalbán, haciendo gala de su consabida heterodoxia, renunció a ser etiquetado en sendos artículos como "Sobre la inexistencia de la novela negra en España" y "No escribo novelas negras", recogidos en Blanco Chivite (1992).

Lo cierto es que el género negro, y su prolongación cinematográfica, llega con considerable retraso a España con respecto al resto del planeta. Valles Calatrava citará tres razones para la falta de una tradición de novela negra en España: obviamente, están los motivos políticos, pues en la España de "los 40 años de paz franquista", el criminal y las conductas no ejemplarizantes no tienen cabida. Asimismo, señala razones estructurales, provocadas por la escasa industrialización y el retraso del país en el desarrollo de una economía capitalista, imprescindible escenario en el que desarrollar las tramas[1]. Por último, también se apunta la existencia de ciertos prejuicios elitistas con respecto a la novela negra y popular (Valles Calatrava, 1991, p. 80). No es casual, por lo tanto, que la novela negra florezca en los estertores del franquismo, cuando el país, tal y como reconoce y critica en numerosas ocasiones Vázquez Montalbán, ya está inmerso en el capitalismo avanzado y después de que haya surgido un movimiento de dignificación de la novela popular, encabezado tanto por intelectuales como Pedro Laín Entralgo[2], como por los intereses de las diferentes editoriales que, como Espasa-Calpe en su colección Austral, procederán a incluir títulos del género en su catálogo (Mota Chamón, 2000, p. 48).

La misma discusión se va a reproducir en la industria audiovisual. No son pocos los que afirman que no se puede hablar de cine propiamente negro

---

1   Así, Colmeiro (1994) traza un paralelismo entre el crack del 29 y la España de la Transición, que justificaría la aparición de la novela negra española.

2   Curiosamente, *España como problema*, de Laín Entralgo, será el primer libro que Carvalho destine a las llamas en la novela *Tatuaje*.

hasta la Transición (Comas, 2003; Llorens, 1988), debido a la influencia franquista sobre temas y argumentos, que impedía la denuncia de las injusticias sociales y la marginación de parte de la población. Sin embargo, recientes estudios como el de Sánchez Barba y su *Brumas del franquismo* argumentan que, bien fuera por la popularidad de la cinematografía extranjera, o bien por su conocimiento de la realidad, los espectadores eran capaces de etiquetar ciertas producciones franquistas como cine negro (2007, p. 76). De la misma opinión es Benet (2014), quien señala, además, que lejos del cine protagonizado por policías que, invariablemente, restituyen el orden alterado por el crimen, la influencia del cine negro se evidenciaría en una serie de películas alejadas de dicha temática. Son filmes que, inspirados por los clásicos hollywoodienses, retomaban sus claves estéticas para reflejar el anticomunismo del régimen franquista, ya fuera desde el melodrama social (*Surcos*, de Nieves Conde, 1951), la hazaña deportiva (*Los ases buscan la paz*, Ruiz Castillo, 1954) o la épica histórica (*Sin novedad en El Alcázar*, Genina, 1940). Lo que es más importante todavía, el género negro tendrá, como Carvalho, su epicentro en Barcelona. Deseosa de recuperar su condición de polo de producción cinematográfico, en la Ciudad Condal se producirá un *boom* de cintas criminales y policiacas. Espelt (1998), Heredero (1993) o Riambau (2001) datan el inicio de esta tendencia en 1950, por ser el año del estreno de dos obras tan significativas y destacadas como *Brigada Criminal* (Ignacio Iquino) y *Apartado de correos 1001* (Julio Salvador).

No nos consta que la influencia del cine policíaco barcelonés se haga notar en los escritores de novela negra de la Transición, pero si podemos aventurar su influencia tangencial y su poso en la sensibilidad artística de toda una generación. No en vano, alrededor de este cine policiaco de los años 50 se levantará, también, toda una producción cultural en forma de obras de teatro, folletines radiofónicos y novelas de bolsillo tremendamente exitosas entre las clases populares (Espelt, 1998), lo que hoy daríamos en llamar paratextos, que consumirá un Vázquez Montalbán todavía inconsciente de su valor artístico. Tiempo después, Vázquez Montalbán buceará en la importancia de aquellas lecturas, sino desde el punto de vista literario, sí del vital. En una entrevista nos contará, por ejemplo, su inolvidable encuentro, siendo un prepúber de 12 años, con el escritor Alf Manz:

"Yo leía mucho las noveles del FBI de un tal Alf Manz; cuando tenía doce o trece años mi padre me llevó a un gimnasio de barrio y vi a un señor muy bajito y muy fuerte que estaba subiendo una cuerda y hacía una terapia tremenda; el profesor de gimnasia me dio un codazo y me dijo 'Ese es Alf Manz'. Se llamaba Alfredo Manzanares". (Colmeiro, 1988)

Lejos de estas consideraciones, cuando Montalbán se refiere al proceso de creación de *Tatuaje*, prefiere aumentar la leyenda de que todo se debió a una doble broma. En primer lugar, hay una cuestión familiar, con su suegro echándole en cara su nivel de vida debido a su profesión de escritor, y Montalbán replicando que el autor belga Georges Simenon tenía un castillo en Suiza.

> "La otra broma se produjo una noche que estaba de borrachera con unos amigos, Frederic Pagès y Pepe Batlló, un editor de libros de poesía. [...] Ya en plena borrachera, yo dije: 'Lo que hay que hacer son novelas de policías y ladrones' y 'Yo escribo una novela así en quince días' y otro contestó: 'Me apuesto lo que quieras a que no eres capaz'. En fin, una conversación de borrachos". (Tyras, 2003, p. 89)

De nuevo, este segundo Carvalho encontrará problemas para su difusión aunque, en esta ocasión, no son achacables a la censura sino a su fracaso entre público y crítica. Así, el autor calculaba que *Tatuaje* debió vender 1.500 ejemplares (Tyras, 2003, p. 90). Peor le fue con la crítica. El propio Vázquez Montalbán rememoraba el impacto negativo producido por su publicación: "Los críticos se preguntaban: 'Este hombre es un poeta interesante, ¿cómo ha podido hacer esto?' [...] El resultado fue que *Tatuaje* se convirtió en una novela maldita, completamente maldita" (*ídem*).

Sin embargo, para Montalbán, se trata de una ocasión feliz. El autor cree encontrar una fórmula que le permite novelar la Transición (Tyras, 2003, p. 102). Tiene un espacio en el que mover al personaje, el que va de Vallvidrera a la parte baja de La Rambla, cubriendo toda Barcelona, y tiene a unos secundarios: la novia Charo y el confidente Bromuro. A diferencia de en su vida literaria, en la que el limpiabotas fallece y la novia deja la Ciudad Condal por Andorra, Bromuro y Charo rara vez estarán ausentes en las adaptaciones.

En 1977, Vázquez Montalbán ya ha finalizado la tercera aventura de Pepe Carvalho y ha modelado el universo emocional del personaje. Lleva por título *La soledad del manager* y aunque en un primer momento su intención es presentarla al Premio Planeta, desiste al enterarse de que Jorge Semprún, a la postre ganador del Premio con *Autobiografía de Federico Sánchez*, también tiene intención de competir por el galardón

(Saval, 2004, p. 160). Publicada escasos meses después de los comicios de 1977, son esas primeras elecciones democráticas las que aparecen como telón de fondo de *La soledad del manager*. En esta ocasión, Carvalho ya se verá rodeado de sus fieles al completo: vuelven Charo y Bromuro, pero también aparece un singular ayudante y cocinero que responde al nombre de Biscuter.

Por fin, en 1979, Manuel Vázquez Montalbán y su Pepe Carvalho van a conocer el éxito merced a la concesión del muy popular Premio Planeta a su novela *Los mares del Sur*[3]. Será el primero de muchos, nacionales e internacionales, y se trata de un hecho insólito pues: "Es la primera vez que una novela considerada de género, en concreto de género policiaco, recibía un premio de esta magnitud" (Blanco Chivite, 1992, p. 147). Un hito que se explica por dos causas. En primer lugar, Planeta, asociada a la literatura falangista y/o conservadora de autores como Josep Maria Gironella o Fernando Vizcaíno Casas es consciente de que debe abrirse a la intelectualidad de izquierdas para sobrevivir en democracia. Por otra parte, en los siete años desde la creación del detective hasta la obtención del galardón, ese género denostado por crítica y público ha experimentado un auge inusitado. De hecho, la concesión del premio revela que Planeta parece darse cuenta de que el mercado editorial español está cambiando. No ha sido la única en detectarlo: a su alrededor florecen iniciativas para impulsar la novela negra, merced a colecciones como "Esfinge", de Noguer; "Novela negra", de Bruguera; "Etiqueta negra", de Júcar; "Alfa 7", de Laia; "Crimen&Cía", de Versal, "Cosecha roja", de Ediciones B y "La Negra", de La Magrana (Valles Calatrava, 1991, p. 111). La tendencia es especialmente acusada en Barcelona, sede de Planeta y oficiosa capital editorial de España donde, a partir de 1975, surgen y se popularizan autores como Jaume Fuster, Manuel de Pedrolo, Eduardo Mendoza, Andreu Martín, Francisco González Ledesma y, por supuesto, Vázquez Montalbán (Valles Calatrava, 1991, p. 115). La moda de las librerías se traslada a las pantallas, súbitamente interesadas por el género negro (o criminal, o policíaco). Todos los autores citados ven adaptadas sus novelas al celuloide. Eduardo Mendoza con *La*

---

3 El jurado estaba formado por: José María Valverde, Ricardo Férnandez de la Reguera, Carlos Pujol, Antonio Prieto y José Manuel Lara.

verdad sobre el caso Savolta (Antonio Drove, 1980) y *El misterio de la cripta embrujada* (recortada a *La cripta* y dirigida por Cayetano del Real, 1981); Jaume Fuster con *De mica en mica s'omple la pica* (Carles Benpar, 1984); Pedrolo con *M'enterro en els fonaments* (*La respuesta*, Josep Maria Forn, 1969) y *Joc brut* (*El poder del deseo*, Juan Antonio Bardem, 1975); Andreu Martín, con *Prótesis* (*Fanny Pelopaja*, Vicente Aranda, 1984); González Ledesma con *Crónica sentimental en rojo* (Rovira Veleta, 1986)... Pero ninguno será recreado en pantalla con tanta asiduidad como Vázquez Montalbán y su Pepe Carvalho. Mérito de su éxito en las librerías. Mérito de su ductilidad como personaje.

Carvalho, el detective móvil

En 1987, Tony Bennett y Janet Woollacott publicaron su seminal estudio sobre el personaje de James Bond. En él defendían que un personaje como el Agente Secreto 007 debía entenderse como un "significante móvil", pues su significado distaba mucho de ser unitario y estaba condicionado por los acontecimientos históricos y sociales que tenían lugar durante la escritura de las novelas y la filmación de sus adaptaciones. Si la afirmación era válida para James Bond, no puede dejar de serlo para Pepe Carvalho, remoto y celtíbero émulo del británico. Carvalho como vehículo, como punto de vista para analizar la sociedad, hace que Vázquez Montalbán construya el personaje con un atributo fundamental, al que deberán enfrentarse los adaptadores. Nos referimos a su triple movilidad: política, cultural y espacial.

Así, Carvalho nace como crítica del escaso peso internacional de la España franquista en *Yo maté a Kennedy*, producto de lo que el autor define como "narrativa subnormal", motivo por el cual se nos apunta un carácter casi esquizofrénico en lo ideológico: antiguo miembro del Partido Comunista de España en la clandestinidad y, por ello, represaliado, torturado y encerrado en prisión (biografía que comparte con el escritor), dejará su país para convertirse en agente de esa CIA que sostiene la dictadura de Franco. Parodia de las novelas de espías de las que fue ávido lector en su niñez, Vázquez Montalbán convierte a Carvalho en el nexo imposible entre los dos bloques de la Guerra Fría: por una parte, conoce al dedillo la teoría y la práctica marxista, pero está igualmente familiarizado con el universo neoliberal del capitalismo tardío. Desde esa atalaya, Vázquez Montalbán muestra su punto de vista ideológico del presente: "Lo que intento hacer en todos los casos es un tipo de novela mediante la que pueda reflexionar, sancionar, dar mi opinión sobre lo que ocurre, a través de Carvalho, que es como mi médium" (Tyras, 2003, p. 68).

El segundo gran atributo de Pepe Carvalho es su capacidad para moverse en diferentes ámbitos culturales. En origen, tal y como se nos describe en *Yo maté a Kennedy*, ya es un charnego, un gallego originario del Raval y, por lo tanto, un mestizo cultural. Es un rasgo que lleva grabado a fuego en su apellido, por capricho de un padre tan descreído y desencantado como el propio Carvalho. Evaristo Carvalho debió ser un hombre bastante singular, lo cual justifica la peculiar grafía del apellido de nuestro anti héroe. O, por decirlo con las palabras del escritor:

> "Primero pensé en ponerle un nombre en gallego, pero luego decidí que se podía ya rizar el rizo, respecto a la parodia distanciadora que quería hacer con *Tatuaje*. Entonces le hice gallego pero con apellido portugués; le puse el apellido en portugués porque en gallego es Carballo. En alguna de las novelas lo he explicado: el padre de Carvalho estaba tan hastiado de ser español que se cambió de nombre, y ya está y ahí queda, y si les gusta bien y si no, también". (Colmeiro, 2013, p. 64)

A pesar de su extracción humilde, y a la manera de su creador, los estudios universitarios de Carvalho le permiten compadrear con trabajadores e inmigrantes, pero también codearse con la alta sociedad y mantener conversaciones de alto calado intelectual.

La movilidad cultural tiene una triple función. Por una parte, le sirve para resolver los casos. En segundo lugar, tiene una marcada función estilística a través de la intertextualidad, la autorreferencialidad y la parodia literaria (Colmeiro, 2013). Por último, aumenta la sensación de derrota del personaje, pues la cultura es incapaz de solucionar un mundo que sigue siendo profundamente injusto.

Sus vastos conocimientos de la alta y la baja cultura le ayudarán a solucionar los casos que se le presentan, y que tendrán una correlación estilística ya desde *Yo maté a Kennedy*: la utilización del *collage*, por ejemplo, le permite la inclusión de poemas, canciones populares, recetas de cocina, ensayos políticos, o referentes cinematográficos (Colmeiro, 2013, p. 26). Es un tejido de citas dignas de estudio para "el musicólogo, el folklorista, el gastrónomo, el enólogo (vinólogo), el sexólogo, el cinematólogo, el politólogo" (Díaz Arenas, 1995, p. 20). En este sentido, Mari Paz Balibrea (1999) realiza una brillante analogía entre la profesión del personaje como detective y la misión del intelectual en la sociedad moderna. Según su punto de vista, uno y otro deben bucear en el pasado para explicar el presente. La misión tanto del intelectual como del detective es la de decodificar las diferentes pistas para llegar a una interpretación plausible de la realidad.

En *Tatuaje* ya se aprecia otro de los rasgos más característicos de Vázquez Montalbán: la autorreferencialidad, esto es, su capacidad para reciclar trabajos anteriores y distintos aspectos de su obra. "Muchos de los elementos y los fenómenos culturales o sociológicos que Montalbán analizó en *Crónica sentimental de España, Cancionero general 1939–1971* o *El libro gris de Televisión Española* se hallan presentes, de una forma u otra, en las novelas de la serie Carvalho" (Aranda, 1997). Así, *Tatuaje* lleva el título de la canción popularizada por Concha Piquer, artista a la que ya había dedicado un poema con anterioridad ("Conchita Piquer", en el libro *Una educación sentimental*), y sobre cuya presencia en la memoria colectiva de los españoles ya ha reflexionado en su *Crónica sentimental de España* (Tyras, 2003, p. 63).

Por último, Montalbán va a establecer en sus novelas un constante juego entre realidad y ficción con sus conocidos y allegados, especialmente con los intelectuales. Se trata de pequeñas bromas y guiños a personas conocidas que, aunque no aparezcan con sus nombres, son fácilmente reconocibles para su grupo de amigos. En numerosas ocasiones, se trata de antiguos compañeros del PSUC (siglas de Partit Socialista Unificat de Catalunya, facción catalana del Partido Comunista de España), en los años de la clandestinidad. Así, en sus páginas nos encontramos con el abogado y miembro del PSUC August Gil Matamala[4], que fue el encargado de llevar el caso de Vázquez Montalbán cuando estuvo en presidio, o del pequeño de los hermanos Goytisolo, Luis, rebautizado como Juan Dorronsoro y definido en *La soledad del manager* como "el escritor de diez líneas diarias" y autor de "exactamente tres novelas, de más éxito de crítica que de público". En *La soledad del manager* también aparece camuflado el cineasta Joaquim Jordà. Precisamente, la presencia de Jordà nos conduce a otra de las características

---

4   Curiosamente, padre de la actriz Ariadna Gil.

de la novelística carvalhiana: la anticipación de tramas futuras, o "avance publicitario" (Blanco Chivite, 1992, p. 252). Así, En *La soledad del manager*, el personaje del cineasta afirma estar trabajando en un guion cuya sinopsis, a posteriori, sabremos que se convertirá en la siguiente aventura de Carvalho, *Los mares del Sur* (Tyras, 104, p. 2003)[5].

Tomando el título del célebre ensayo de Pierre Bourdieu, podemos afirmar que, para Vázquez Montalbán, y también para Carvalho, cualquier aspecto de la realidad es un campo de batalla, y la cultura no va a ser el menos importante. De hecho, dos de las acciones más características del personaje, su amor a la gastronomía y su afición a quemar libros, están directamente relacionadas con la cultura. Este último aspecto revela, en el fondo, una decepción con unas formas de expresión que deberían servir para transformar la sociedad pero que, en realidad, no hacen sino perpetuar la injusticia. Nos lo confiesa el propio personaje en el monólogo que Vázquez Montalbán le escribió por su 25 aniversario: "Pepe Carvalho quema libros porque la cultura no le ha enseñado a vivir" (Vázquez Montalbán, 1997, p. 12). No es de extrañar que sus rituales pirómanos se iniciaran en 1968, el año del mayo francés, el año que empieza a ser consciente de que la revolución es imposible.

Por último, Carvalho también va a transitar diferentes espacios. Cuadrado ha definido a Pepe Carvalho como "un vehículo con licencia para circular por todo tipo de espacios" (2010, p. 199). Hay un primer y obvio terreno, que es el de la ciudad de Barcelona, punto de partida y lugar al que siempre regresa Carvalho. Desde *Tatuaje*, este espacio se resume en dos: la residencia de Carvalho en la montaña de Vallvidrera, desde la que contempla el día a día de los barceloneses, y su despacho en La Rambla, centro

---

5   Salvo el final, la sinopsis es prácticamente idéntica al argumento de *Los mares del Sur*: "Un alto ejecutivo obsesionado por el mito de Gauguin decide dejar a la familia y el trabajo y marcharse a Tahití. El título podría ser *Gauguin 2* o *Tahití*. Coge el metro en una hora punta y llega a una barriada obrera. Imita los modos de vida de los tahitianos. Se junta con una chica de fábrica, una canaca del cinturón industrial barcelonés. Nadie le conoce. Se siente feliz inicialmente pero hay una serie de barreras mentales de clase que no puede superar. Llega la infelicidad propia y ajena. Él ha introducido la insatisfacción como un virus desconocido por los tahitianos. Para no causar más desgracias a los demás ni a sí mismo, se suicida".

neurálgico de la ciudad. Desde esos dos puntos de referencia, Carvalho es capaz de recorrer todos los rincones de la ciudad, pues parte de la singularidad del personaje reside en una biografía que le permite alternar tanto con la alta burguesía como con el lumpen del Barrio Chino, de modo que:

> "Con extraordinaria facilidad de movimiento se pasa de los ambientes más exquisitos y elegantes a los ambientes más sórdidos, de las oficinas de lujo de una inmobiliaria o una financiera a los prostíbulos, de las mansiones señoriales a los rincones urbanos más escuálidos, de los barrios residenciales al Barrio Chino, del despacho del juez a los sótanos de la comisaría de policía". (Colmeiro, 2013, p. 215)

No es un hecho casual. La preocupación por el espacio, y más concretamente, por cómo condiciona el lugar que ocupa el individuo en la sociedad, es una constante de la obra de Manuel Vázquez Montalbán desde sus inicios en el mundo del periodismo. Así, artículos como los aparecidos en la revista *Triunfo* ("El Campo de la Bota. La otra cara del desarrollo"), su iconoclasta guía de la Ciudad Condal (*Barcelonas*) o su trabajo en la revista *CAU: Construcción-Arquitectura-Urbanismo* son reveladores de una especial sensibilidad sobre un aspecto social sobre el que el autor ha leído, reflexionado y escrito de manera profusa.

En concreto, esta última revista *CAU* que Vázquez Montalbán "organiza e inspira" (Salgado, 2011, p. 226) será especialmente importante ya que en ella: "analiza la capacidad que tiene el capitalismo de transformar el paisaje urbano y el alma de los hombres" (*idem*). Lector ávido, Vázquez Montalbán profundiza en la sociología urbana marxista, a la que llega a través de las teorías del pensador Henri Lefebvre, que lee antes de que se convierta en popular a raíz de la publicación en 1974 de su *La production de l'espace* (Afinoguénova, 2006). Si bien Henri Lefebvre se centra principalmente en el espacio urbano, el sometimiento del espacio a las lógicas de producción capitalista y su relación con el poder será universal para Montalbán. Convertido en otro producto de compra y venta regido por las mismas leyes de oferta y demanda, el espacio también será objeto de una lucha de clases en la que los menos favorecidos tienen las de perder, y los poderosos ejercen sus privilegios mediante actividades como la expropiación y la especulación. Eso provocará que el detective abandone la ciudad de Barcelona, y se desplace a otros puntos de España

y del mundo, para llegar a una misma conclusión, tal y como nos revela
el estudio de Mari Paz Balibrea:

> "De ahí que las descripciones de espacios y personas sean presentadas, desde la
> mirada de Carvalho, como productos de una historia social, como espacios socia-
> les en los que está inscrita la historia del capitalismo que los ha hecho posibles".
> (Balibrea, 1999, p. 96)

Si Carvalho es, en un primer momento, una crónica de la Transición, lo
que van a reflejar las novelas es que uno de los fenómenos para nada
menor de dicho periodo histórico es la transformación de unas ciudades
que, como otros aspectos de la vida española como pueden ser la economía o la cultura, también abrazan la modernidad. O, por mejor decir, la
postmodernidad. Ninguna ciudad española expresa mejor dicho cambio
que Barcelona, paradigma no solo a nivel nacional, sino también internacional, de una nueva manera de entender lo urbano. Desde Vallvidrera y
La Rambla, Pepe Carvalho va a asistir a la metamorfosis total que sufrirá
la Ciudad Condal. El paso de ser conocida como "el Manchester catalán",
por su condición eminentemente industrial, a un referente mundial del sector servicios, vendrá acompañado de una serie de drásticas modificaciones
del espacio urbano, dando paso a lo que se ha conocido como "el Modelo
Barcelona", impulsado principalmente a raíz de la nominación de la ciudad
como sede de los Juegos Olímpicos de 1992. Incapaz de reconocer la ciudad de su niñez, Carvalho, que hasta entonces ha viajado a regañadientes,
saldrá de la capital catalana para regresar en 1999 en *El hombre de mi vida*
y evaluar los cambios acaecidos.

Al mismo tiempo, a nivel supranacional, la inclusión de España en la
Comunidad Económica Europea primero y en la Unión Europea después,
cambiará la situación geopolítica de España, que pasará de ser ese lugar en
la periferia de Europa a frontera sur de un nuevo proyecto político, social
y económico. Un mundo que para nada se parece a lo que el idealista Carvalho llegó a imaginar en los años sesenta.

La movilidad y la ambigüedad descritas en las páginas anteriores dejan
resquicios para la libre interpretación del adaptador. No es de extrañar que
los creadores audiovisuales se hayan acercado una y otra vez al personaje
de Montalbán. Cada uno de ellos se ha decantado por reforzar o variar
una u otra de sus características, provocando así sucesivas mutaciones del
personaje literario. En este estudio intentamos descifrar las causas exógenas

y endógenas por las que nunca han conseguido hacerlo de una manera que haya concitado el aplauso unánime de crítica y/o público. Ninguna adaptación ha sido capaz de convertir a Carvalho en un icono audiovisual como el Comisario Maigret lo es para la cultura francófona, Sherlock Holmes para la británica, Philip Marlowe o Harper para la estadounidense o incluso el Comisario Montalbano para la italiana. Esta es pues, la historia de un fracaso. Aunque tal vez, al leerla, comprendamos que, como casi todas las historias protagonizadas por Pepe Carvalho, los auténticos héroes son siempre los vencidos.

Capítulo 2: Descubrimientos transicionales. *Tatuaje* (Bigas Luna, 1976)

> *"[...] fue para Bigas Luna un ejercicio caligráfico (era su primer filme) y es bonita físicamente, pero tiene defectos".* (Vázquez Montalbán, declaraciones a *La Vanguardia*, 1992)
>
> *"Nuestro primer súper agente nativo, amante de la buena mesa ¡Y DE LA BUENA CAMA!".* (Anuncio aparecido en *La Vanguardia*, 1977)

La primera aparición en pantalla de Pepe Carvalho carece de cualquier atisbo de nobleza o distinción. El actor Carlos Ballesteros recién levantado, en ropa interior, con un cigarrillo con filtro en la comisura de los labios. Su estampa casa bien con su carácter de antihéroe, pero también da el tono general, doméstico y semi amateur, de su primera adaptación. La misma urgencia con la que se crea el personaje literario se aplica a su debut en la gran pantalla. Es, en cierta manera, el signo de los tiempos: si Vázquez Montalbán ha llegado a la conclusión de que la literatura está obligada a cambiar con el inminente fin de la dictadura, otro tanto opina José Juan Bigas Luna, director de *Tatuaje*, del cine. Uno y otro tienen prisa por participar en eso que José Carlos Mainer llamará "la cultura de la libertad", y nada va a detenerlos: ni la falta de lecturas y referentes policiacos en el caso de Montalbán ni la de conocimientos cinematográficos en el de Bigas. Son tiempos de probar, de descubrir y *Tatuaje* es, en buena medida, una película marcada por el descubrimiento: el de un director y su vocación; el de un personaje que apenas ha protagonizado un puñado de páginas; el de una ciudad que da sus primeros pasos en una transformación que llegará a tener una repercusión mundial; y, en definitiva, el de una sociedad que, no sin problemas, empieza a conocer la libertad.

Un asunto doméstico

La posibilidad de adaptar *Tatuaje*, cuyo título cinematográfico se alarga hasta *Tatuaje. Primera aventura de Pepe Carvalho*, está sobre la mesa prácticamente desde el momento de su publicación en 1974. En buena medida porque el legendario crítico de cine José Luis Guarner, que por entonces trabaja en la industria editorial, intenta "colocar" entre el *milieu* cinematográfico barcelonés esa historia en la que Carvalho debe averiguar la identidad de un hombre cuyo cadáver ha aparecido en la playa. José Juan Bigas Luna aceptará el reto apenas dos años después de su fugaz paso por las librerías. Con la vehemencia propia de su condición de joven y debutante, Bigas se enfrasca en la producción a través de su empresa Luna Films, a la que arrastra a su amigo Fernando Amat. Tanto Amat como Bigas provienen del mundo del diseño, y el futuro director, copropietario de la tienda de muebles y objetos de diseño Gris, ha expuesto en la tienda Vinçon de Amat. Será al realizar un documental sobre dicha exposición cuando descubra su vocación de cineasta.

Según confesión propia, el paso decisivo para iniciarse en el mundo del largometraje lo toma tras una conversación con el distribuidor José Luis Galvarrioto (PROFILMAR). "Me planteó muy claro que si cogía una novela más o menos conocida y unos actores que me sugirió, me daba ciertas garantías de distribución" (Miñarro, 1978). En este sentido, Bigas considera que Vázquez Montalbán cumple la primera de las exigencias. Cierto es que *Tatuaje* no ha sido un éxito, pero la popularidad como periodista de Montalbán no deja de crecer. Además, piensa que el género es un punto a su favor: "Hay muy pocos precedentes de una policía (sic) en España; solo recuerdo *Apartado de correos 1001* y *Hay que matar a B*" (Villagrasa, 1976). Dos películas, dos referencias: una pretérita y otra contemporánea. La primera, la del filme de Julio Salvador, se corresponde con el redescubrimiento del cine policíaco patrio, tan alejado (censura mediante) del cine negro de Hollywood, merced a su exaltación del trabajo de las fuerzas del orden. Ese cine que tuvo una etapa esplendorosa con su centro de producción en Barcelona entre los años 1950 y 1963, en los míticos Estudios IFI y Balcázar (Espelt, 1998).

La segunda referencia, *Hay que matar a B* (1975), nos remite al director José Luis Borau, pero es posible que Bigas no esté pensando tanto en su intriga política (tal vez algo más en la sentimental) como en el anterior éxito de Borau, *Furtivos* (1975). El drama rural con la inolvidable Lola Gaos es una de esas películas bisagra para la industria española. Ni la autoproducción, ni su enfrentamiento público con la burocracia franquista (Carreño, 1975), impiden su éxito crítico (la película se alza con la Concha de Oro en San Sebastián) y, lo que es más importante, su éxito en taquilla (3 581 914 espectadores y 262 062 199 pesetas de recaudación, 1 575 25,54 euros, según datos del ICAA). *Furtivos*, además, es la primera película distribuida en 35 mm por PROFILMAR, la distribuidora de Galvarrioto, en el área de Cataluña, Aragón y Baleares.

Con estos mimbres, el director llega a la misma conclusión que Montalbán: España está preparada para producir una cultura de consumo popular no exenta de calidad. El nicho está en ese género negro infrarrepresentado debido a la censura franquista. Si en literatura triunfan las nuevas colecciones de novela negra, en los cines ocurre otro tanto con las importaciones francesas (como las películas de Claude Chabrol a la manera de *La mujer infiel*, 1969), y estadounidenses (como *Un largo adiós*, Robert Altman, 1973).

La segunda condición impuesta por Galvarrioto para la distribución del filme llega con la contratación, por sugerencia directa, de los dos actores protagonistas. La selección recae en Carlos Ballesteros como Pepe Carvalho. El vestuario de la figurinista Consol Tura va a ser decisivo en la caracterización de este primer Carvalho, adoptando las ropas y usos de un Paul Newman en *Harper, investigador privado* y *Con el agua al cuello* (Balló *et al.* 1990, p. 292). Ambas son adaptaciones de Ross McDonald, cuestión para nada menor si tenemos en cuenta que lo que se busca era aproximarse lo máximo posible al *thriller* norteamericano (*idem*). Tan es así que, en un momento del filme, hasta se le apoda "Pepe Newman". Por su parte, Charo, la peculiar prostituta y novia del detective, será Pilar Velázquez. Ballesteros ha participado en *La lozana andaluza* (Vicente Escrivá, 1976) y Velázquez lo ha hecho en *Adulterio a la española* (también de Escrivá, 1975) o *Sensualidad* (German Lorente, 1975). Ambos tienen, pues, ese marchamo de "popularidad" que Galvarrioto pretende para los actores del filme. Luis Ciges, presencia habitual en las películas de la Escuela de Barcelona[6] será el encargado de encarnar al limpiabotas Bromuro.

---

6   *Dante no es únicamente severo* (Jacinto Esteva, 1967), *Cada vez que…* (Carles Durán, 1968), *Nocturno 29* (Pere Portabella, 1968), *Después del diluvio* (Jacinto Esteva, 1968), o *Ditirambo* (Gonzalo Suárez, 1969).

Todo está listo para el inicio del rodaje... pero pronto empiezan los problemas. En primer lugar, el director se debe enfrentar a la oposición del Sindicato Nacional del Espectáculo. Estamos en plena descomposición de la burocracia franquista, pero todavía detenta un cierto poder. Al no disponer del correspondiente permiso que otorga la organización, Bigas Luna se ve obligado a retrasar la filmación. Uno de los profesionales que participaron en el rodaje lo recuerda así:

"Como eran tiempos movidos, el todavía vigente Sindicato Vertical estaba perdiendo influencia y gente ajena al mismo intentaba trabajar en cine sin recurrir a las tretas legales (pagar a un profesional para que dejase su carnet sindical y así cubrir el expediente) que habían utilizado los miembros de la Escuela de Barcelona años atrás". (Cominges, 2001, p. 32)

Pese a que Bigas Luna ha intentado protegerse con la contratación de Pepe Ulloa, director de *El refugio del miedo* (1974), que sí está reconocido como profesional por el Sindicato Nacional del Espectáculo, el 22 de julio de 1976, tal y como se recoge en el dossier del Archivo General de la Administración, se comunica que el informe sindical es:

"DESFAVORABLE, en razón a que los guionistas propuestos Sres. Ulloa, Vázquez Montalbán y Bigas Luna, no están censados en la Agrupación Sindical de Guionistas, según dispone el Art° 31 de la vigente Reglamentación de Trabajo en la Industria Cinematográfica, así como también porque la productora LUNA FILMS, no está al corriente de sus obligaciones con la Agrupación Sindical de Productores Cinematográficos en que está encuadrada".

Hay, pues, que afiliar a los guionistas y a la productora fundada por Bigas, inconveniente que se subsana el 6 de agosto de 1976. El 3 de septiembre de 1976, esta vez sí, da comienzo la filmación de *Tatuaje* en Ámsterdam.

Finalizado el rodaje, Bigas Luna debe superar un segundo vestigio franquista: la censura que ejerce la Junta de Calificación y Apreciación de Películas. Cree poder sortearla sin problemas pues, según comenta sobre los desnudos del filme: "La verdad es que están tratados de una manera muy naturalista, no hay ninguna escena provocativa. [...] De hecho, no es una película para tener problemas" (Llinàs, 1976).

Pese a ello, cuando los rollos finales llegan a la Junta de Calificación y Apreciación de Películas, el filme recibe una valoración negativa. La aparición ligera de ropa de Charo no les parece a los censores tan ingenua como Bigas cree, y así lo hacen constar en su informe, rechazando el momento de: "Pilar Velázquez poniéndose un aparato de agua en el pecho". Tampoco les agrada aquella otra escena en la que "el protagonista aprieta violentamente el sexo a M. Randall", cuando Carvalho fuerza a Teresa Marsé a tener relaciones en una escena que hoy sería calificada de violencia de género. Los mayores problemas, con todo, están protagonizados por el sexo masculino. Se aconseja: "suprimir plano de un pene en una fotografía (P. P.)" y "suprimir el plano en que Ciges hace el gesto de sacar el pene y la expresión 'la jodienda'". Especialmente delicado es el primero de estos casos. Cuando Carvalho visita a un tatuador, este tiene colgados sobre su cama instantáneas de diversos trabajos, siendo el que irrita a la censura el realizado sobre un glande. Como recordaría Bigas poco después: "Salían otros tatuajes en un pene que tuvimos que discutir con el secretario del Ministerio, fue una cosa muy anecdótica y grotesca tener que hablar de esto con un secretario" (Font, 1978).

Bien sea por integridad artística, bien por afán de buscar esa publicidad gratuita que da la polémica y que tan bien había funcionado en el caso de *Furtivos*, Bigas Luna se niega a claudicar con la mayoría de las indicaciones y el montaje final se retrasa. Tres meses después del primer informe, la Junta da, por fin, luz verde a la película.

Por entonces, España y su cine está sumida en una dinámica de cambios vertiginosos. El 2 de febrero de 1978 tiene lugar el estreno, con cuatro años de retraso, de *Emmanuelle*, de Just Jaeckin (1974). Según Bigas, dicha circunstancia perjudica aún más a su *Tatuaje*: "Tardó nueve meses en estrenarse y, durante ese tiempo hubo el *boom* de la 'Emmanuelle' y otras películas que se estaban esperando y que pusieron a la mía en situación de desventaja" (Ordóñez, 1983). Es un hecho tan cierto como que, perdido el objetivo primero y retrasado el estreno, Galvarrioto y Bigas intentan reposicionarse compitiendo con esta nueva oleada de cine, y se fijan como nuevo nicho de mercado el cine del destape. A fin de cuentas, como ya hemos comentado, tanto Pilar Velázquez como Carlos Ballesteros podían fácilmente asociarse a dicho género. La Junta de Calificación, además, ha dado pie al ello al objetar varias escenas por considerarlas de alto contenido sexual.

El 25 de noviembre de 1977, el filme se estrena con llamativos reclamos en prensa como "Un apasionante caso de sexo y drogas que le llevará del Barrio Chino de Barcelona a los canales de Ámsterdam" o "Nuestro primer súper agente nativo, amante de la buena mesa ¡Y DE LA BUENA CAMA!". Pasa inadvertida. Por entonces, las salas ya están inundadas de filmes que sí estaban orientados realmente al género erótico y que, al haber sido amortizados en sus países de producción, podían competir en situación de ventaja frente a los nacionales.

La gran fiesta de la democracia, versión barcelonesa.

Sin embargo, por más que el público la ningunee, su creador consigue imbuir al Carvalho audiovisual de una de las cualidades que con más ahínco y menos acierto buscarán el resto de adaptadores: su modernidad, su capacidad para representar el presente. En este sentido, si *Tatuaje* es paradigmática del periodo transicional en su relación con las instituciones, también lo es en su capacidad de plasmar el vibrante ambiente de la Barcelona de mediados de los 70. Lo hace abrazando el espacio y la estética de una nueva generación. Vázquez Montalbán (1939) y Bigas Luna (1946) apenas se llevan siete años de edad, pero su manera de entender el mundo es harto diferente. El escritor representa a la *gauche divine*, el grupo de intelectuales que revolucionaron el panorama cultural barcelonés y español entre 1967 y 1971; Bigas Luna, a la Barcelona ácrata o libertaria, surgida a rebufo de los primeros en 1973 y que tendrá su puesta de largo en una película que se convierte en un puente entre ambas.

Y es que Vázquez Montalbán no es el único de "los divinos" implicado en la producción. Bigas es introducido en el mundo del cine por otro miembro de su círculo como Román Gubern, que cuenta en sus memorias cómo dedicó parte de 1975 a darle "clases particulares" (1997, p. 341). Ya hemos comentado la presencia de Luis Ciges, un intérprete habitual de la Escuela de Barcelona. Entre su equipo técnico nos encontraremos, en la foto fija, con una de las grandes retratistas de los "divinos" como fue Colita. Y, sobre todo, el cartel corre a cargo de Enric Satué, gran revitalizador del diseño gráfico catalán, creador de las portadas de la colección Biblioteca de Divulgación Política (lanzada por Rosa y Oriol Regás), responsable de la imagen corporativa de la discográfica Pu-Put y colaborador de la revista

CAU, en cuya creación colaboró Vázquez Montalbán. El diseño de Satué se utilizará como portada de una nueva edición de bolsillo de la novela, en 1976, lanzada por Plaza y Janés, en su colección Libros Reno, destinada a literatura de poco pedigrí literario. En el cartel, el diseñador huye del género negro con una estética más próxima al surrealismo lisérgico: Carvalho degusta un pezón que surge de una paellera en la que flotan diversos personajes y objetos.

Satué, como Bigas, parece haber detectado que algo se mueve en el panorama cultural. Lo hace, en primer lugar, espacialmente. Si la *gauche divine* tenía como epicentro la mítica calle Tuset, con sus agencias de publicidad y sus discotecas de moda como Bocaccio, los libertarios descenderán de la parte alta para colonizar lo que uno de sus figuras más emblemáticas, José Pérez Ocaña, protagonista de la película *Ocaña, retrat intermitent* (Ventura Pons, 1978) bautizaría como "el París Chico". Redescubrir la zona portuaria de la ciudad y sus alrededores se convierte en una empresa colectiva. Los barceloneses empiezan a mirar con otros ojos la parte más bulliciosa de la ciudad, a acercarse con curiosidad a un lugar con fama de peligroso e insalubre. Ese Distrito V en el que nació Montalbán y del que siempre defendió la dignidad de sus gentes en novelas como *Tatuaje*: de sus pequeños comercios, de sus trabajadores e, incluso, de las profesionales del sexo.

La espita para este redescubrimiento bien puede ser la salida del todopoderoso Josep Maria Porcioles de la alcaldía de Barcelona en 1973, tras su gobierno ininterrumpido desde 1957. Es el inicio de un proceso de enorgullecimiento ciudadano y de reapropiación del espacio público. En el género de la divulgación, este recobrado interés se plasma en un puñado de ensayos, guías y estudios sobre Barcelona, destinados a un público ávido por recuperar su ciudad[7]. Del aluvión de publicaciones, tal vez el trabajo más influyente sea el firmado por José María Carandell y publicado en 1974 y

---

7   Así, Alexandre Cirici publicará *Barcelona, pam a pam* en 1971, actualización de la guía que escribió para los visitantes al Congreso eucarístico de 1952; Josep Maria Espinàs, firmará *Vuit segles de carrers a Barcelona. De Montcada a Tuset* (1974) y, por supuesto, aparecerá la monumental obra *Tots els barris de Barcelona* (1976) en la que los periodistas Josep M.ª Huertas Clavería y Jaume Fabre describen, en seis volúmenes, la riqueza de una ciudad a la que, hasta aquel momento, sus habitantes no parecían tener en demasiada estima.

que lleva por título *Guía secreta de Barcelona*. En él se podía leer a propósito del Barrio Chino, escenario del filme:

> "Recientemente, sin embargo, se ha producido una reacción, tanto por parte del Ayuntamiento, como de la Policía y de los empresarios, en el sentido de liquidar los 'bajos fondos' de un lugar tan céntrico, airear con amplias vías el laberinto de callejas oscuras y establecer locales de orden y a la moda, como ampliación de la zona ociosa y comercial de La Rambla". (Carandell, 1974, p. 152)

Nótese que la fecha de publicación es 1974, la misma en la que aparece *Tatuaje*, primera aventura "convencional" de Pepe Carvalho tras su debut en *Yo maté a Kennedy*. Una crónica del barrio, muy posterior, como es la de Paco Villar, reincide en esta fecha:

> "Los primeros años de la década de 1970 se caracterizaron por las numerosas redadas realizadas por la policía, con el fin de sanear el sector [...] El 14 de mayo de 1974 las fuerzas de seguridad del Estado daban una batida en la zona de Escudellers y Avinyó. [...] El resultado final fue de 160 personas detenidas, de las cuales 117 quedaron posteriormente en libertad"[8]. (Villar, 2009, p. 264)

La ciudad, el consistorio, quieren recuperar el barrio, y también lo desean hacer unos artistas que empiezan a fascinarse por el tramo final de La Rambla. Les ocurre, por ejemplo, a Bigas Luna y Fernando Amat, y así lo muestran en *Tatuaje*. Carlos Ballesteros, nuestro primer Carvalho, se pasea por la icónica calle bajo la enamorada mirada de Bigas Luna, que convierte La Rambla en el elemento espacial más importante del filme. Tal vez por su formación como diseñador, el realizador parece fascinado con el cromatismo y la saturación de carteles publicitarios de La Rambla y sus calles colindantes, en las que se detiene su cámara con una mirada complaciente de *flâneur* apasionado: ya sea con Carvalho paseando solo, del brazo de Charo o, en una de las últimas escenas, en coche solucionando el caso junto a Queta. Lo hace con la cámara escondida en las cabinas de teléfonos, o con teleobjetivo desde los balcones del paseo, remedando las escenas de Juan

---

8 Si tenemos en cuenta la particular forma de escribir de Manuel Vázquez Montalbán que, tal vez por su deformación profesional como periodista, siempre está apegada a la más rabiosa actualidad, y su interés por la arquitectura y el urbanismo, no sería extraño que esta redada fuera la inspiración de su novela *Tatuaje*.

Luis Galiardo y Sonia Bruno en *Mañana será otro día*, la película de Jaime
Camino (1967) que guionizara su maestro Román Gubern.

Las investigaciones de Carvalho le conducen por La Rambla, pero también por los inmuebles que la jalonan habitados por personajes pintorescos
pero cordiales. Para muestra, el momento en el que Carvalho pregunta por
el obrero Toulón a gritos, teniendo este como tiene las puertas de su balcón
abiertas, en un plano a través del enrejado que recuerda poderosamente
a los tomados por Julio Salvador en *Apartado de correos 1001* (1950).
Carvalho se pasea por localizaciones descubiertas, en muchos casos, por
Fernando Amat: lugares de asueto de los vecinos del barrio, como el Bar
Salamanca en el *carrer* Cadena, un hostal de la calle Argenteria, la arrocería
de la playa de Sant Sebastià en la que finaliza el filme, o los Billares Monforte (La Rambla, 27) donde se encuentra con Bromuro. Este último es un
lugar especialmente relevante: se cuenta que fue Bigas Luna quien lo redes-
cubrió para la intelectualidad barcelonesa gracias al filme (Tierz y Muniesa,
2013, p. 135), convirtiéndose, a posteriori, en Cúpula Venus, punto de
encuentro artístico y un intento de recuperar y modernizar los espectácu-
los de variedades de la ciudad. La película, como la guía de Carandell, se
convierte así en un recorrido por la Barcelona más desconocida y canalla,
por las calles e inmuebles que está colonizando la generación libertaria.

No es Bigas Luna el único que quiere dejar constancia de este sentimiento. La escena más icónica de esa reapropiación de La Rambla es la
de un Ocaña travestido paseando del brazo de sus inseparables Camilo y
Nazario en la anteriormente citada *Ocaña, retrat intermitent* (Ventura Pons,
1977), ante la sorpresa y el estupor de otros viandantes. La secuencia ha
pasado a constituir un símbolo de esa "plumífera" apropiación –o mejor
dicho, reapropiación– de la calle, que Vilarós señala como constitutiva de
la Transición (1998, p. 184). A Ocaña, Camilo y Nazario los acompañan
otros jóvenes, que acuden a relacionarse con los extranjeros que esperan el
ferri para acudir a Ibiza. Muchos de ellos están vinculados al teatro, como
los que se manifiestan por La Rambla en demanda de la realización del
Festival Grec; o los que, en 1977, crean el Saló Diana, sede de la Assem-
blea de Treballadors de l'Espectacle situada en la calle Sant Pau 85, y cuyo
eslogan era "Una casa de barrets al servei del poble" (Un prostíbulo al
servicio del pueblo).

Y luego estaba la música, elemento central de las inquietudes culturales de los libertarios. Los pasos de Carvalho en el filme se acompañan por una banda sonora –compuesta por Toni Miró y Joan Albert Amargós e interpretada por Música Urbana, Blay Tritono o La Rondalla de la Costa– que podemos adscribir al "sonido layetano" o "layetanismo". Recibe su nombre por la proximidad de la sala Zeleste, sita en la calle Argentería, próxima a la Via Laietana. Frente al movimiento de cantautores de Els Setze Jutges, contemporáneo a la *gauche divine*, y el punk de extrarradio representado por grupos como La Banda Trapera del Río, el layetanismo se encuentra más cercano al rock sinfónico y progresivo, y busca alcanzar nuevos estados de conciencia a través del consumo de estupefacientes y la escucha de música psicodélica. Su gran estrella es Jaume Sisa, autor de un himno generacional como "Qualsevol nit pot surtir el sol". Los temas del filme, recogidos en un disco publicado por Edigsa-Zeleste, tal vez casan mal con la tosquedad del Carvalho de Bigas, pero por el contrario otorgan una indiscutible pátina de modernidad al filme. Tan embebidos están del layetanismo que, hasta cierto punto, el filme muestra cierto desprecio por la partitura de "Tatuaje", de León y Quiroga, que da título a novela y película. Montalbán había escrito sobre ella una de sus más célebres páginas en la que la elevaba a himno reivindicativo de las amas de casa españolas con estas palabras: "canción de protesta no comercializada, su protesta contra la condición humana, contra su propia condición de Cármenes de España a la espera de maridos demasiado condenados por la Historia" (1970, p. 23). El Carvalho fílmico, tan moderno él, la tratará con displicencia: es solo la pista que le permite solucionar el caso.

Que el público objetivo al que pretenden acercarse Bigas Luna y Amat es este colectivo queda claro con las dos acciones publicitarias más relevantes. Lanzan una curiosa versión en cómic de la novela, medio de comunicación muy del gusto de la generación que venera a los Javier Mariscal, Nazario o Pepichek, y apasionada especialmente por el estilo *underground*, deudor de la escuela de San Francisco de Robert Crumb. El cómic, editado por Ediciones Actuales, viene firmado por Friera Requena, con portada de Segrellés y dibujos de José Luis Ferrer. Pertenece a una colección de 12 números en los que se adaptan grandes obras cinematográficas (*El padrino II, King Kong, Tiburón...*) en versión subida de tono, siendo *Tatuaje* la única basada en una novela/película española.

La segunda es la presentación de la banda sonora del filme, para la cual se realiza una fiesta el 1 de julio de 1977 que pasará a los anales de la vida nocturna barcelonesa. Tiene lugar en los redescubiertos Billares Monforte y a ella acuden, además de los grupos de música layetana, los omnipresentes alborotadores libertarios de la noche barcelonesa: Ocaña, Camilo, Nazario y cía. (Nazario, 2004, p. 119). La *troupe* de Ocaña tiene como excusa para acudir que en la película actúa uno de los grandes iconos de esa Barcelona, el transformista Ángel Pavlovsky. Finalmente, la escena protagonizada por Pavlovsky, que interpreta a Max Brodell, antiguo compañero de Carvalho en la CIA, fue eliminada en la sala de montaje, pero su mera presencia resulta sintomática del aire de los tiempos.

Tatuaje es un fracaso a todos los niveles. Únicamente es visto por 28 889 espectadores y recauda 17 280,20 €, según figura en la base de datos del ICAA. Si hemos de creer tanto a director como a su socio en la producción, supone la ruina de ambos. Como ocurriera con la novela que adapta, la reacción del público es tibia cuando no inexistente. No dura en la cartelera más de quince días (Cominges, 2001, p. 55) y cuesta encontrar críticas sobre la película. Si acaso, la de Jorge de Cominges en *El Noticiero Universal*, que hay que valorar teniendo en cuenta que el autor ha participado en el rodaje y que alaba que Bigas: "ha construido una obra muy personal, totalmente alejada de los cánones al uso, en los que ha incidido de forma definitiva la excelente fotografía lograda por Tomás Pladevall" (citado en Cominges, 2001, p. 53). El mismo aspecto es destacado en la crítica de *La Vanguardia*, en la que se afirma que: "Al pasarlo al cine, ha perdido fuerza", y a la condición primeriza de Bigas se le achaca: "una falta de soltura en el ritmo", para finalizar con una reflexión acerca de: "la falta de oficio" en el género de "la intriga" del cine español (Maso, 1977).

Bigas no será tan condescendiente con su película, hasta el punto de repudiarla en diversas ocasiones. En los diferentes estudios que se han dedicado al cineasta, y en los que gustosamente colaboró, solo la mienta para hacer constar que la considera como algo ajeno. Incluso en *Sombras de Bigas, luces de Luna*, escrito a la manera de largas conversaciones con Isabel Pisano (su musa en *Bilbao*) y en el que se desgrana, película a película, toda su filmografía, *Tatuaje* solo es citada con un lacónico: "Después de *Tatuaje*, que no era para nada el cine que yo quería hacer [...]" (Pisano, 2001, p. 70). Por parte de Vázquez Montalbán, cuando se presentó el rodaje de *Els mars del Sud*, en 1992, el escritor afirmó: "fue para Bigas Luna un ejercicio caligráfico (era su primer filme) y es bonita físicamente, pero tiene defectos" ("El detective..." 1992).

Tatuaje se publica en 1974. La adaptación se estrena en 1977. Años convulsos. Años en los que todo parece estar por hacer. Años en los que todavía hay que deshacerse de los que querían que se impidiese hacerlo. Con sus muchos defectos, *Tatuaje* es un grito de libertad, de cambio, de cerrar una época oscurísima de la historia de España y de Barcelona. Bigas Luna decidió titular a su filme *Tatuaje. Primera aventura de Pepe Carvalho*. Bien fuera por una ingenua creencia en su capacidad para ser el origen de una franquicia, bien por su fe en el personaje, parece claro que Carvalho, ese detective presentado en ropa interior, estaba predestinado a volver a aparecer, vestido de manera más decorosa, más pronto que tarde en una pantalla de cine.

Capítulo 3: ¿Contra Franco estábamos mejor? *Asesinato en el Comité Central* (Vicente Aranda, 1982)

> *"Cuando hablo de Asesinato en el Comité Central hablo siempre de un fracaso comercial. Hay películas que han funcionado en un sitio sí y en otro no. Esta no funcionó en ninguna parte. Incluso cuando la Cinemateca belga me pidió mis películas, hizo una excepción y la quitó".* (Vicente Aranda, en Alvares y Frías, 1991, p. 139)

Pepe Carvalho vuelve a asomarse a la gran pantalla cinco años después del estreno de *Tatuaje. Primera aventura de Pepe Carvalho*. Su vida literaria ha cambiado sustancialmente desde su accidentado rodaje y estreno en 1977. Ahora es una estrella. Ese detective, nacido de una apuesta etílica, se ha convertido en una referencia para la literatura y la industria editorial española, pero también para la imagen de la joven democracia. No es el único que ha cambiado. También lo han hecho los intelectuales y creadores. En 1978, Vázquez Montalbán escribe una columna cuyo título hará fortuna y pasará a citarse (mal) en incontables ocasiones. Lleva por título "¿Contra Franco estábamos mejor?" y anticipa lo que será una constante en las páginas de Carvalho: el desencanto por las oportunidades perdidas en la construcción de la nueva España y el progresivo olvido de los valores de izquierda. Ninguna otra novela lo expresará de forma más clara que *Asesinato en el Comité Central* (1981). Carvalho debe acudir a su detestada Madrid[9] para solucionar el misterioso asesinato de Fernando Garrido, secretario general del Partido Comunista de España. Es su particular ajuste

---

9   Debido al peculiar sistema educativo franquista, para finalizar la carrera de Periodismo, Vázquez Montalbán tuvo que mudarse un año a Madrid, ciudad de la que, a tenor de lo que se nos cuenta en *El premio*, *Asesinato en el Comité Central* y en los relatos "Jordi Anfruns, sociólogo sexual" y "Asesinato en Prado del Rey", no guarda precisamente un grato recuerdo. Todo ello acaba por hacer que, a ojos de Vázquez Montalbán y según opinión de Mota Chamón

de cuentas con el que ha sido la organización de Vázquez Montalbán, el Partit Socialista Unificat de Catalunya, y con aquellos que considera que han provocado su destrucción, el Partido Comunista de España, con Santiago Carrillo a la cabeza. La ironía del escritor se convierte en parodia en manos de Vicente Aranda, su adaptador al cine, transmitiendo la emergencia de una nueva sensibilidad política.

El detective exportable

Qué duda cabe que el responsable último del éxito de Carvalho es, en buena medida, Vázquez Montalbán, pero es innegable que en su popularidad nacional e internacional colabora decisivamente Editorial Planeta. Las relaciones entre la editorial y el detective vienen de lejos pues, en 1972, el debut de Carvalho, *Yo maté a Kennedy*, se publica gracias a la unión de intereses entre Seix Barral y la empresa de la familia Lara. A la primera le interesa unirse a una editorial mejor considerada por la censura; a la segunda, iniciarse en el nicho de la novela negra, un mercado que augura pujante. Así lo demuestra con la concesión del muy popular Premio Planeta a su novela *Los mares del Sur*[10] en 1979. Se trata de un hecho insólito pues: "Es la primera vez que una novela considerada de género, en concreto de género policiaco, recibía un premio de esta magnitud" (Blanco Chivite, 1992, p. 147).

Vázquez Montalbán reconoce que competir por el Planeta era un intento de dar el salto al gran público (Colmeiro, 1994, p. 62). Sin embargo, en un primer momento, el galardón no le dará la fama que anhela, para la que debe esperar a un golpe de fortuna o, más bien, una concatenación de golpes de fortuna, tal y como explicará el mismo autor:

"A mí se me traduce al francés por una auténtica casualidad, porque una alumna de literatura española tradujo como ejercicio escolar *Los mares del Sur*; un editor que empezaba en París, y por lo tanto jugaba bien poco, la editó con muy poco éxito de crítica; esa novela se vendió a montones en las estaciones a precios de

---

(123): "[...] Madrid es el extranjero y está vista siempre como la distante capital centralista".

10 El jurado estaba formado por: José María Valverde, Ricardo Férnandez de la Reguera, Carlos Pujol, Antonio Prieto y José Manuel Lara.

saldo y un día pasó por allí, como en las películas, un crítico que la compró para el viaje en tren que tenía que hacer y la leyó. Este hombre es Legrain, un crítico francés de mucho prestigio en el terreno de la novela negra. Él la presentó por su cuenta y riesgo al Premio Internacional de París[11] y lo gané. Eso fue todo. A partir de ahí empezaron a traducirme al francés, luego vino el alemán, el italiano, el japonés, el inglés, el danés, el griego, el portugués y ahora el serbocroata. De hecho, mi carrera "internacional" comienza en 1981 [...]". (Colmeiro, 1994, p. 70)

Ese mismo 1981, con el eco de su repercusión internacional, Vázquez Montalbán publica *Asesinato en el Comité Central*. Su adaptación fílmica se plantea con urgencia, pero esta vez ya no es la aventura de un neófito en el oficio como Bigas Luna, sino que se origina en el seno de Editorial Planeta, que ve en el detective un instrumento para sus ambiciosos planes de expansión. Con este fin, en mayo de 1981, se constituye la productora Lolafilms, que cuenta en su accionariado con el propietario de Planeta, José Manuel Lara, además de Carles Durán, Juan y Antonio Amorós, Juan Olivés, Oriol Regás, Ignacio Zubizarreta y Morgana Films. Su primera producción será *Asesinato en el Comité Central* (1982) y estará dirigida por Vicente Aranda.

Todavía no ha llegado el momento de hablar de sinergias ni de conglomerados multimedia, pero es obvio que José Manuel Lara busca que la adaptación se estrene en una fecha cercana a la edición de la novela, con el ánimo de que una y otra se retroalimenten y, de paso, se aproveche el tirón comercial del autor tras la obtención del *Prix International*. Eso justifica la premura con la que se debe realizar la preproducción y que lleva a Vicente Aranda a abandonar el proyecto que en esos momentos tiene entre manos, titulado *Dos una pareja, tres una multitud*, con guion del propio Aranda. Años después, Aranda se quejará amargamente de haber hecho caso a Carles Durán, al que responsabiliza de haberle convencido de cambiar un proyecto por otro.

La elección del dúo creativo formado por Vicente Aranda como director y de Carles Durán como productor resulta bastante natural. Recientemente, han obtenido un notable éxito con *La muchacha de las bragas de oro* (1980), adaptación de Juan Marsé, otro escritor barcelonés, amigo íntimo de Vázquez Montalbán, también publicado y premiado por Editorial

---

11 El nombre oficial del premio era *Prix International de Littérature Policière*.

Planeta. Además, Aranda conoce de sobra al personaje, tal y como declara a *Fotogramas* (1982) en el momento del rodaje:

> "No es ésta la primera vez que considero la posibilidad de adaptar una novela de Vázquez Montalbán. Cuando *Tatuaje*, la primera novela de la serie protagonizada por Carvalho, era solo un manuscrito, me la pasó José Luis Guarner, el director de la colección en la que iba a ser publicada. También estudié la posible adaptación de *La soledad del manager*, un libro que me gustó mucho. *Los mares del Sur*, por su parte, fue objeto de varias reuniones para tratar de su eventual filmación".

Victoria Abril, protagonista de *La muchacha...* y musa de Aranda será la encargada de acompañar a Carvalho en sus pesquisas interpretando a la joven militante Carmela. El detective será interpretado por el cantante y actor Patxi Andión, tremendamente popular en el tardofranquismo como cantautor y, más tarde, como actor. Una y otro se han comprometido a rodar la irrealizada *Dos una pareja, tres una multitud*. La polémica por la presencia de Andión demuestra hasta qué punto Carvalho ya es un personaje popular. A Vázquez Montalbán parece que le desagradó la elección de Andión (Alvares y Frías, 1991, p. 136), pues siempre defendió que su Carvalho ideal era Jean-Louis Trintignant, algo con lo que no estaba de acuerdo Vicente Aranda:

> "A mí Carvalho me recuerda a Cannon, aquel detective que salía en una serie norteamericana: un hombre gordo, con lamparones, descuidado; pero Trintignant, en absoluto. Entonces, como no podíamos contar con Trintignant, pusimos a Patxi Andión y el resultado es más o menos el mismo". (Alvares y Frías, 1991, p. 136).

De hecho, para Aranda es tan prescindible que, imbuido ya desde la preproducción de un espíritu burlesco que impregnará todo el filme, considera la posibilidad de invertir los papeles y convertir a Victoria Abril en Pepe Carvalho, para resultar más coherente con el predominio de la mujer en su filmografía. Una idea que desestima porque "no quise violar la novela hasta el punto de cambiar de sexo al protagonista para darme ese gusto. No merecía la pena" (Freixas y Bassa, 1982). De hecho, al igual que Bigas Luna, Aranda intenta realizar una adaptación lo más fiel posible al original. Tan es así que la primera versión de su guion es demasiado larga, problema que el director achaca a la novela y sus abundantes diálogos. Como recurso para abreviar el guion, decide aislar a Carvalho de su círculo íntimo y de Barcelona. En el filme no aparece la Ciudad Condal ni nada se sabe de Charo, Biscuter o Bromuro, a los que ni siquiera se menciona. Así, la película se inicia y finaliza en el Aeropuerto de Barajas, con Carvalho atravesando sus puertas automáticas una vez aterrizado y previo al despegue. En el guion de Vicente Aranda (1981) no se hace ninguna referencia física ni estética al personaje. Sí aparece –aunque finalmente es eliminada– una secuencia (Secuencia 53 – HOTEL CONTINENTAL) en la que se nos narra el pasado de Carvalho.

Según Aranda, acepta el proyecto por el interés que le causan dos cuestiones que coinciden en buena medida con los intereses de Vázquez Montalbán en el momento de escribir la novela: realizar una crónica de la Transición[12] y que, como Carvalho, también para él se trata de su primera experiencia madrileña (Alvares y Frías, 1991, p. 130)[13]. Ahí se acaban las similitudes y empieza la interpretación arandista del personaje, que se encuentra en las antípodas de la de su creador.

Del desencanto a la parodia

La política aparece en todas y cada una de las aventuras de Carvalho y es la razón de ser del personaje, pero en ninguna lo hace con tanta intensidad como en *Asesinato en el Comité Central*, tal y como lo reconocía el propio Vázquez Montalbán. Es una de las raras ocasiones en las que el escritor se preocupa por datar el periodo de escritura de una novela. Así, en la última página, podemos leer: "Abril de 1979 – enero de 1981"[14]. Aquí, en la quinta aventura del detective, el tiempo fáctico es crucial, dado el carácter de "crónica de la Transición" de las novelas de Carvalho. En este

---

12 Aranda considerará que su anterior película, *La muchacha de las bragas de oro* (1980) y *Asesinato…* forman en realidad un díptico sobre la Transición: la primera desde el ámbito de la privacidad y, la segunda, desde una vertiente pública.

13 Conviene no olvidar el poco aprecio de sus compañeros de generación de la *gauche divine* por Madrid, a la que consideraban capital de la cultura de "la berza" (Villamandos, 2011, p. 35).

14 Anteriormente, solo había incluido el periodo de escritura en *Yo maté a Kennedy*.

sentido, cabe recordar que el 1 de marzo de 1979 se producen las elecciones generales y, el 3 de abril de 1981, tienen lugar las elecciones municipales. Los resultados de estas últimas serán el detonante de la crisis del partido comunista. Los militantes más preclaros ya son conscientes de los problemas de liderazgo de Santiago Carrillo, de las tensiones intestinas y de los problemas de coordinación con su formación hermana catalana, el PSUC. De hecho, ese "enero de 1981" es el momento en el que se celebra el V Congreso de los Comunistas Catalanes. En él se van a debatir dos tesis que irritan profundamente al líder del PCE, Santiago Carrillo: el papel adoptado por el partido durante la Transición y la autonomía del PSUC con respecto al PCE (Andrade, 2015, p. 362). El Congreso evidencia que el partido está dividido en, al menos, tres facciones: los eurocomunistas, los prosoviéticos y los afganos. Es ya un hecho que la crisis en el seno de PCE y de su formación hermana, el PSUC, es insalvable. Vázquez Montalbán presenciará la descomposición en primera fila, pues es elegido miembro del Comité Ejecutivo del PSUC durante este V Congreso (Blanco Chivite, 1992, p. 25). Para el autor, que ha sido militante en la clandestinidad, que ha superado constantes crisis con el partido y con sus amigos, como su maestro Manuel Sacristán, dejar constancia de que presiente su derrumbe es una tarea sumamente delicada, tanto que considera *Asesinato…* como una de las empresas creativas más difíciles de asumir por su implicación personal, y así se lo reconoce a su biógrafo:

> "Era muy difícil escribir una novela sobre el PCE, desde dentro del PCE, sin ser disidente, sin hacerlo como el clásico disidente que se ha marchado, y al mismo tiempo tratando de explicar qué coño está pasando y qué coño va a pasar, porque la novela está publicada antes de la gran liquidación, antes de la merienda de rojos". (Blanco Chivite, 1992, p. 69)

Era el sentimiento que podía sentir la facción minoritaria de la *gauche divine* más implicada en política, la que formaban Vázquez Montalbán, Luis Goytisolo y Joaquim Jordà integrantes de la primera célula comunista de la Universitat de Barcelona. Pero Aranda pertenece a la facción mayoritaria. Por más que fuera firmemente antifranquista, consideraba al Partido Comunista de España o al Partit Socialista Unificat de Catalunya como organizaciones dogmáticas y ominosas (Villamandos, 2011, p. 36). Tanto su origen social, como su apología del hedonismo como válvula de escape de la cultura franquista, casa mal con la disciplina exigida a los miembros del Partido. Y lo refleja cuando debe enfrentarse a la adaptación: la angustia intelectual de Carvalho por la agonía de la organización se transforma, desde su perspectiva, en una demoledora sátira del compromiso político de tintes esperpénticos.

Juan Carlos Ibáñez inscribe el contenido del filme en una tendencia que comparte con otras películas como *Colorín colorado* (José Luis García Sánchez, 1976), *Tigres de papel* (Fernando Colomo, 1977) o *¡Qué puñetera familia!* (Martín Garrido, 1981), obras que, en su opinión, realizan una autocrítica: "sobre las imposturas intelectuales del pasado o sobre el carácter anacrónico del viejo modelo de militancia política" (2016, p. 71). Estéticamente, se trata de una visión esperpéntica del *thriller* político, tan pujante en ese periodo con obras como *Camada negra* (Manuel Gutiérrez Aragón, 1977), *El crimen de Cuenca* (Pilar Miró, 1979), *Siete días de enero* (Juan Antonio Bardem, 1979), *La verdad sobre el caso Savolta* (Antonio Drove, 1979) y *Operación Ogro* (Gillo Pontecorvo, 1979).

A diferencia de estas películas, Aranda subraya lo sainetesco. En primer lugar, decide buscar a actores con un evidente parecido físico a políticos reales del Partido Comunista Español. Así, si Fernando Garrido es en la novela un trasunto de Santiago Carrillo, con el que comparte voz quebrada y el sempiterno hábito del tabaquismo, Aranda contratará para interpretarlo a un actor de gran parecido físico con el político. Llevando un paso más allá el juego de espejos entre Fernando Garrido y Santiago Carrillo que había establecido Vázquez Montalbán, en el filme se reproducirá la fotografía del político y no del actor cuando se haga mención a su asesinato. Del mismo modo, cuando muera en la escena inicial, el cuerpo del actor será sustituido por el de su figura en el Museo de Cera madrileño. La parodia alcanzará su cénit cuando, para recrear el sepelio de Fernando Garrido/Santiago Carrillo, Aranda introduzca imágenes de archivo que, en realidad, pertenecen al entierro de Francisco Franco, violando las convenciones de la imagen documental. El afán deformador de los integrantes del Partido Comunista de España afectará también a su otra gran figura, Dolores Ibárruri, La Pasionaria, a la que cosifica como una anciana de mirada perdida y que ni se inmuta cuando su compañero de Ejecutiva es asesinado a su vera. Según Aranda, fue este personaje el que despertó más críticas entre los miembros del Partido: "Lo aceptaron muy bien, solo hubo ciertas observaciones por la presentación que se hace allí de Dolores (Ibárruri, La Pasionaria) [...], una viejecita que está sentada ahí y que no se entera de nada" (Alvares y Frías, 1991, p. 138).

Aranda incluso se atreve con algo tan sumamente delicado como es la memoria histórica de las víctimas. Las fuerzas del orden portan deficientes máscaras carnavalescas incapaces de ocultar que, aunque se disfracen de demócratas, siguen formando parte del franquismo. Por emplear el vocabulario de Montalbán, son de naturaleza "transfranquista". El Comisario Fonseca (interpretado por José Vivo), encargado de la investigación de la muerte de Fernando Garrido, es el mejor ejemplo. En la novela, Manuel Vázquez Montalbán había fusionado en su personaje dos temibles biografías. Por un lado, el apellido Fonseca rememora el de Roberto Conesa, miembro de la Brigada Político-Social hasta su disolución en 1976, sobre el que recaían numerosas denuncias por torturas y al que se consideraba responsable de la muerte de las llamadas "13 rosas"[15]; por otra parte, Fonseca es también un recuerdo de Vicente Juan Creix, también comisario franquista e igualmente famoso por la crueldad de sus torturas, responsable de la primera detención de Vázquez Montalbán en 1959. Junto a él está su secuaz *Dillinger*, cuyo apodo de criminal norteamericano tiene ecos de otro célebre torturador franquista como Juan Antonio González Pacheco, alias *Billy el Niño*. Ambos son retratados como villanos que rozan la psicopatía, de risa nerviosa y arrebatos de violencia imprevisibles. Su disfraz, con todo, es imperfecto: Fonseca pasará de una calma casi religiosa a convertirse en una hidra babeante e iracunda en cuestión de segundos.

Del mismo modo, del despacho del policía cuelga un retrato de Juan Carlos de Borbón, pero su mesa está presidida por una bandera preconstitucional. La virulencia paródica del retrato no pasa desapercibida para un medio conservador como *ABC*, para quien esa representación de las fuerzas del orden estaba fuera de lugar: "Lástima que lo que podía haber sido una película más que digna se quede en discreta por culpa del director, que ha exagerado, hasta llegar a la ridiculización, los personajes del comisario

---

15 Conesa, además, trabajó también para el dictador dominicano Rafael Leónidas Trujillo, personaje de gran importancia en la obra de Vázquez Montalbán, por su interés obsesivo en la figura del escritor Jesús de Galíndez, al que dedicaría una novela.

Fonseca –un anticomunista, perseguidor de "rojos" en otra época– y de su ayudante, que resultan totalmente inadmisibles" (Pablo, 1982).

Si para el director, Carrillo y La Pasionaria son dos vejetes inánimes, lo mismo puede decirse del resto del partido y, muy especialmente, de sus políticas. La novela de Vázquez Montalbán es un fiel retrato del caleidoscopio de sensibilidades en el seno del Partido Comunista de España, pero Aranda no parece interesado en reproducir esas divisiones entre afganos, eurocomunistas y prosoviéticos. Si Aranda buscaba retratar el Madrid de la Transición, difícil lo tiene: sus personajes viven en una burbuja ideológica, pero también física, pues novela y película se estructuran, a la manera de las novelas de Agatha Christie, en el espacio cerrado del Hotel Continental. Cuando consigue salir de ese ambiente claustrofóbico, el detective interpela monótonamente y con evidente hastío a los sospechosos con una pregunta que, en la novela, solo hace una vez: "Tú, ¿por qué militas?". Sumadas todas las respuestas, igualmente encorsetadas, formulaicas o absurdas, lo que el espectador obtiene no es ya la multiplicidad de sensibilidades del partido que transmite la novela, sino la inadecuación de la organización al momento político que atraviesa el país. Tal vez quien mejor lo exprese sea Carmela cuando, cuestionada por las razones de su militancia, afirme:

"En algún momento lo decidí por algo y no he tenido suficientes motivos para cambiar de decisión. Supongo que porque sigo creyendo en el partido como la vanguardia política de la clase obrera y en la clase obrera como la clase ascendente que da un sentido progresivo a la Historia. Se decía así antes, ¿no?".

El PCE es un anacronismo, y nada lo puede expresar mejor, para un erotómano como Vicente Aranda, que su punto de vista sobre el sexo, uno de los grandes temas de su filmografía. Así, una anécdota que cuenta Montalbán en el libro sobre una reunión en Marne, en la que los amoríos entre dos militantes provocan la ira de Fernando Garrido/Santiago Carrillo se transforma, en la película, en el motivo del distanciamiento del detective del Partido Comunista. Según cuenta a Carmela, su descreimiento no se debió a motivos ideológicos, sino sexuales: Carvalho se desengaña del Partido cuando, durante unas jornadas en Francia, se le afea su comportamiento al tener relaciones íntimas con una camarada. El detective es demasiado rijoso como para renunciar a sus íntimas pulsiones por las consignas. De hecho, está hasta tal punto erotizado que es capaz de olvidarse de su peligrosa misión para magrear, no ya a una camarada, sino a una agente rusa que le amenaza con una pistola.

Si bien las críticas están centradas en el Partido Comunista de España, Aranda tampoco va a escatimar la mofa al otro gran damnificado del fin de la Transición, la Unión de Centro Democrático. Si en 1977 había obtenido 166 escaños y en 1979 había aumentado su representación hasta 168, en 1982 se desplomaría hasta tener solo 11 representantes. Emilio Attard definió lo sucedido como "un canibalismo feroz" (citado por Tusell, 2005, p. 319). Esa es la imagen que ofrece el "Observador" Pérez Montesa de la Ynestrilla, el hombre designado para hacer de enlace entre el gobierno y los comunistas por su pasado comunista (que define como "una chiquillada" propia de sus años universitarios). Su aristocrático nombre y su apariencia contrastan con la de los militantes comunistas del PCE: traje y corbata, gomina, gafas de pasta de montura cuadrada... Un inquietante tecnócrata que –sospechamos– está constantemente complotando. Su obsesión con diferentes artilugios tecnológicos parece remitir no solo a la constante cita a la literatura *pulp* y el cómic del filme, sino también a ese concepto, popular en España y los medios tras el fallido golpe de Estado del 23 de febrero de "democracia vigilada".

El esperpento se extiende a los personajes, al guion, pero también a otros recursos narrativos. Ya hemos comentado con anterioridad su perverso empleo de las imágenes documentales para distorsionar la realidad. Otro tanto hace con los omnipresentes medios de comunicación, convertidos en elemento esencial de la deformación esperpéntica. La voz de la periodista de Televisión Española Rosa María Mateo, tan vinculada a la Transición, sirve para jugar con la verosimilitud del género. Y también por vía auditiva, a través de la banda sonora, se mofa Aranda del *thriller* político. Si en una obra cumbre del género como *Operación Ogro* (1979), de Gillo Pontecorvo se usa "Eusko gudariak", el "Himno del soldado vasco", como *leitmotiv* para los subrayados épicos en la narración de los terroristas etarras que asesinaron al Almirante Carrero Blanco, Aranda emplea "La Internacional" justo para lo contrario, para ridiculizar la actividad del PCE y, en general de todos los actores de la farsa. Y lo hace desde un primer momento, cuando Fernando Garrido llega al hotel donde se celebrará el Comité Central y el himno es interpretado al son de un grupo regional provisto de una dulzaina, hecho a la postre decisivo para la resolución del caso.

El tráiler para exhibición subrayaba la popularidad del personaje y su pedigrí literario: "Un Premio Planeta, Vázquez Montalbán; una novela famosa, *Asesinato en el Comité Central*; y ahora, una gran película". No van a ser valores lo suficientemente atractivos para el público. Según se recoge en la base de datos del ICAA, la película es vista por 170 618 espectadores y obtiene una recaudación de 185 916,23€. La anterior película de Aranda, *La muchacha de las bragas de oro* (1980), fue vista por 795 848 espectadores y obtuvo una recaudación 658 676,60€, lo que demuestra hasta qué punto *Asesinato...* puede ser considerada como un fracaso en taquilla.

A nivel crítico no le fue mucho mejor. Los comentarios positivos fueron la excepción. En *Dirigido por...* podemos leer la prácticamente única crítica elogiosa al filme, y en ella se apunta que: "propone una lectura más estimulante que la del simple *thriller* con referencia a una realidad cercana" (Freixa, 1982). En *La Vanguardia,* por su parte, se señala que la adaptación se ha hecho: "con corrección, pero sin brillantez" y se critica especialmente la encarnación de Carvalho: "Patxi Andión lleva a cabo una interpretación monocorde", al tiempo que se pondera el trabajo de la protagonista femenina: "El trabajo de Victoria es uno de los valores de la película, tal vez el más destacado" (Maso, 1982). En el diario *ABC* leemos: "Por lo demás, el film, rodado en sonido directo, está bien realizado, y su intriga policiaca funciona aceptablemente, aunque resulte un tanto ingenua" (Pablo, 1982). Muy interesante y reveladora es la crítica de *El País*, que percibe rápidamente que uno de los problemas del filme es intentar plasmar una realidad tan cambiante: "A Vicente Aranda, director de la película, le ha faltado la tradición que Carvalho ya tiene en las novelas y le ha fallado, lamentablemente, la actualidad de sus peripecias: en poco más de un año ha cambiado sustancialmente la problemática del PCE. Quizá ahora quepan otras investigaciones, otras humoradas" (Galán, 1982).

Finalmente, para Vázquez Montalbán, el resultado tampoco fue el deseado: "Es una versión muy 'arandista', personal y muy fría. Aranda escogió entre diversas posibilidades la relación argumento-ideología, y quedó una película muy ideológica" (*La Vanguardia*, 1992).

Los tiempos están cambiando. Lo sabe Vázquez Montalbán, lo sabe Diego Galán y se entera de ello Vicente Aranda a mitad de la producción del filme. El PCE ya no "molaba", como diría la Carmela interpretada por

Victoria Abril: "Estábamos equivocados, era un tema que no interesaba, y yo me di cuenta en seguida, tras asistir al Congreso del PCE" (Alvares y Frías, 1991, p. 139). Si el filme retrata la tremenda crisis que arrasó el Partido Comunista de España al final de la Transición, también documentará la emergencia de una nueva sensibilidad política próxima al Partido Socialista Obrero Español. El 29 de septiembre de 1982, apenas dos meses después del estreno de *Asesinato en el Comité Central* se presenta el Manifiesto "Por el cambio cultural", en el que más de un millar de intelectuales daba su apoyo al PSOE de Felipe González de cara a las próximas elecciones. Entre ellos no figura Aranda, pero sí muchos de sus compañeros de parranda en la discoteca Bocaccio durante los gloriosos años de la *gauche divine*, como José Agustín Goytisolo, Guillermina Motta, José María Carandell, Carlos Barral, Josep Maria Castellet, Núria Espert, Mónica Randall, Colita, Jorge Grau, Josep Maria Forn, Román Gubern, Joan Manuel Serrat… Salvador Clotas, compañero de presidio de Vázquez Montalbán, los ha atraído al proyecto del PSOE, a su compromiso político "más flexible", "más desideologizado" (Andrade, 2015), que se adapta mejor a una sociedad que desea dar carpetazo a la Transición. Es ese PSOE fraguado en Suresnes en 1974, que ha roto con un tal Karl Marx cuyo retrato, en el filme, es simbólicamente alcanzando por una bala perdida en el apartamento de Carmela. Como las distintas organizaciones políticas, Carvalho también deberá adaptarse a los nuevos tiempos. De momento, sus dos versiones fílmicas han sido dos fracasos. Mientras su vida literaria goza de una salud de hierro, su vida audiovisual hace el camino inverso. Alguien pensó que la solución a esta bipolaridad podría ser que el novelista se convirtiera en guionista.

Capítulo 4:   El autor entra en escena. *Las aventuras de Pepe Carvalho* (TVE, 1986)

> *"Aquél no era mi Carvalho, sino un extraño atleta sexual japonés dispuesto a fornicar como un obseso, a vagina por cada cinco minutos de programa".*
> (Vázquez Montalbán en *El País*, 1986)

> *"Será su sexualidad (por Montalbán) la que no anda bien. Yo no tuve prejuicios al hacer la serie, como no los tiene el personaje".* (Adolfo Aristarain en *ABC*, 1986)

Hasta 1986, Montalbán adopta un discreto segundo plano en lo que a su participación en las adaptaciones se refiere. Siguiendo los consejos de su colega Juan Marsé, se distancia del proceso y aprueba –con más o menos efusividad– los resultados finales. Con *Las aventuras de Pepe Carvalho*, su primera adaptación televisiva, decide aumentar su implicación y escribir material original para la pequeña pantalla. Su traslación, sin embargo, causará una profunda indignación en Montalbán, centrando sus críticas en el director de la serie, el argentino Adolfo Aristarain. El autor no reconoce a su antihéroe, especialmente en lo que a la etopeya se refiere. Es un personaje que olvida el pesimismo desencantado que le ha atribuido Montalbán para entregarse a un hedonismo desenfrenado. Enfurecido, abomina de él pública y notoriamente, dando lugar a una de las mayores polémicas jamás acontecidas en España entre adaptador y adaptado.

Carvalho cambia de costumbres

Es Fernando Castedo, durante su breve mandato al frente de TVE (Cenalmor, 1984), quien toma la decisión de producir *Las aventuras de Pepe Carvalho*. Son los años en los que se reconfigura el panorama televisivo europeo. Así, en *La Vanguardia* del 20 de marzo de 1984 se publica la noticia del rodaje de la serie con un llamativo: "En TVE ha sonado la hora de las coproducciones" (Muñoz y Pedroche, 1984). Es

un fenómeno que pretende hacer frente a dos retos. Ante la ola desregu-
larizadora y de fin de monopolio que atraviesan las televisiones públicas
en todo el continente durante los 80, las coproducciones se presentan
como una posibilidad de posicionamiento de los entes públicos frente a
los nuevos operadores privados, facturando un producto costoso y de
prestigio al que no tienen acceso los nuevos actores catódicos. Por otra
parte, busca contrarrestar la cada vez más pujante ficción estadounidense. A Vázquez Montalbán, siempre perspicaz en sus observaciones,
no se le escapará que Carvalho va a ser tratado como si se tratara de una
versión europea de la popular y reciente adaptación de *Mike Hammer*
(CBS, 1984–1987), el detective creado por Mickey Spillane. La especial
relación de España con la vecina Francia, tanto en el audiovisual como
en lo político (con dos presidentes socialistas en el gobierno simultánea-
mente), hace del país galo un socio preferente a la hora de coproducir. De
las fluidas relaciones entre las televisiones de uno y otro país es prueba
Fortunata y Jacinta (TVE, 1980), adaptación de la novela de Benito
Pérez Galdós de gran éxito en Francia, lo que probablemente crea la
buena sintonía para avanzar en una nueva adaptación, en este caso de
un autor contemporáneo como Vázquez Montalbán. Recordemos que
el autor gozaba de prestigio en Francia tras la traducción de *Los mares
del Sur* y la obtención del *Prix Littéraire* que, como hemos visto, han
situado a Montalbán y Carvalho como paradigmas frente a Francia y
Europa de los nuevos y democráticos tiempos en España (Colmeiro,
2013, p. 34)[16]. Desarrollada entre 1984 y 1986, *Las aventuras de Pepe
Carvalho* puede inscribirse con facilidad en el nuevo ideario socialista,
cuya columna vertebral era la modernización del país que necesariamente debía pasar por su europeización, entendida como equiparación
al resto de países del continente.

---

16 En especial, Manuel Palacio (2001) considera que el periodo que va de 1979
   a 1989 estuvo afectado por esta intención de generar "una marca": "Así, la
   televisión pública se presenta en esos años como uno de los mejores escaparates
   parar presentar a España como una sociedad dinámica y ordenada, capaz de
   incorporarse, tras la entrada en la Europa comunitaria, con un cierto orgullo
   en el contexto internacional".

El grueso de la producción es aportado por TVE en colaboración con la francesa Télécip (productora asociada a TF2) y la televisión luxemburguesa RTL. La parte de Télécip debe ser mínima y, de hecho, existen pocos trabajadores franceses en la ficha técnica[17]. Como es habitual en la época, TVE presume del gran presupuesto presupuesto del que dispone para cada uno de los capítulos y que, en esta ocasión, se elevaba a 30 millones de pesetas (180 303 euros) por episodio (Rodríguez, 1984).

Como director se elige al argentino Adolfo Aristarain. El primer contacto con él se produce en diciembre de 1983, en el Festival Latinoamericano de Huelva, donde se proyecta *Últimos días de la víctima* (Adolfo Aristarain, 1982). El 20 de marzo de 1984 podía leerse en las páginas de *La Vanguardia*: "La historia de Pepe Carvalho, el detective gallego afincado en Barcelona, es una de las series más ambiciosas que actualmente prepara RTVE" (Muñoz y Pedroche, 1984). Cuando Aristarain regresa a España para el estreno comercial de la cinta, el proyecto ya está en marcha (Bonet Mojica, 1984). La producción corre a cargo de Juan Mauri, experto profesional que ha llevado a buen puerto nada menos que *El hombre y la Tierra* (TVE, 1974–1981) y que, por lo tanto, estaba familiarizado con el rodaje en exteriores, una característica esencial de la serie.

Varias son las razones de la elección del argentino Adolfo Aristarain como director y adaptador de la serie. En primer lugar, es evidente que Aristarain comparte una cierta sensibilidad izquierdista con Montalbán, visible en el trabajo cinematográfico inminentemente anterior de Aristarain, con *Tiempo de revancha* (1981) y *Últimos días de la víctima* (1982):

"Ambas películas, a pesar de haber sido producidas todavía en el periodo de la dictadura militar del país (1976–1983), proponen un claro ideario progresista que acercan a su director al mundo de Pepe Carvalho y, sobre todo, al de su creador, Manuel Vázquez Montalbán". (Palacio, 2006)

---

17 Su papel se reduce a personajes muy secundarios como pueden ser Florence Giorgetti (esposa de Young en "Young Serra, peso pluma") o Sarah Luger como el fantasma de "La curva de la muerte". Tan solo tiene un papel de enjundia el estadounidense afincado en Francia Eddie Constantine (protagonista de "Golpe de Estado").

También resulta determinante en su elección su pasado en TVE. Adolfo Aristarain ha sido ayudante de dirección de Mario Camus en dos producciones, concretamente la serie *Los camioneros* (TVE, 1973), y la adaptación *La leyenda del alcalde de Zalamea* (TVE, 1973), que han logrado ser vendidas fuera de España en un momento de bastante reticencia internacional a los productos nacionales (Casado, 2011, p. 132). La estructura de *Los camioneros*, tratándose de una temática completamente diferente, emplea una fórmula narrativa parecida a *Las aventuras de Pepe Carvalho*: un viajero que recorre España (Almería, Cuenca, Galicia...), para ganarse la vida y se va encontrando con paisajes y personas de diferentes puntos del Estado. De hecho, hay más que parecidos razonables entre muchos de los planos de transición dedicados al paisaje vial de una y otra.

En un principio, se proyecta la producción de 13 episodios basados en otras tantas historias inéditas creadas para la ocasión por Manuel Vázquez Montalbán. El escritor aporta un breve tratamiento de los capítulos y su colaborador Domènec Font procede a escribir los guiones. Finalmente, se ven reducidos a ocho. La serie se rueda en nueve meses, entre julio de 1984 y marzo de 1985, y los episodios son emitidos por TVE entre el 21 de febrero de 1986 y el 18 de abril de 1986.

Un Carvalho hedonista

Pepe Carvalho es interpretado por Eusebio Poncela, uno de los rostros más famosos de la televisión del momento, pues ha interpretado a Carlos Deza en la adaptación de *Los gozos y las sombras* (TVE, 1982). A Poncela lo acompañan Alicia Sánchez encarnando a Charo y Ovidi Montllor como el ayudante Biscuter, en su primera aparición audiovisual. Luis Ciges, que ya ha encarnado a Bromuro en *Tatuaje. Primera aventura de Pepe Carvalho*, repetirá papel.

Los problemas entre Vázquez Montalbán y Adolfo Aristarain empiezan cuando el director y guionista modifica la personalidad del detective para hacerlo encajar en lo que él considera como estándares de la ficción televisiva. Se produce así un proceso de "reconstrucción" (Lacalle, 2016) del personaje que no satisface al autor. En primer lugar, está el aspecto biográfico. En el cuarto episodio, que lleva por título "La curva de la muerte", Adolfo Aristarain hace reaparecer a la hija que Carvalho tuvo con Muriel, algo que no figura en los guiones de Vázquez Montalbán y Domènec Font. También pasa a primer plano la militancia ex comunista del personaje, que tampoco está en los guiones originales (Lacalle, 2016) pues, recordemos, Carvalho ha renegado hace tiempo del partido. El director tampoco respeta otros aspectos como son las chocantes costumbres del detective. Así, Aristarain decide suprimir el rito de la quema de libros, lo que justifica de la siguiente manera:

> "En *Pepe Carvalho*, lo primero que les planteé a la gente de TVE fue que yo no quemaba libros, que para mí era poco gracioso y absolutamente reaccionario. Lo aceptaron. Quemé solo en un capítulo, el del travesti, uno de Freud sobre la fijación anal". (Casado, 2011, p. 45)

A Aristarain le falla la memoria: en ese mismo capítulo, Carvalho también quema un libro con el título *Dieta moderna* mientras susurra la palabra "colesterol". Y, sin embargo, ese único y excepcional momento de la quema del libro de Freud está insertado en la cabecera de la serie, como si los responsables supieran de la importancia de ese acto. Por otra parte, no es ya solo que no queme libros, es que además los regala, como ocurre en "La curva de la muerte", cuando obsequia con un ejemplar de Joseph Conrad a su hija, traicionando así el desprecio por la cultura del personaje.

Idéntica suerte corre la pasión culinaria de Carvalho. De nuevo, Aristarain lo justifica en aras del tempo narrativo porque, en su opinión: "Hay detalles que pueden conducir al aburrimiento de la audiencia. Como por ejemplo situar al personaje sin pausa hablando de comida o probando distintos platos" (Aristarain, 2005, p. 41).

Vázquez Montalbán también se queja enérgicamente de la abundante presencia de sexo en la serie, algo que es incluso evidente para Eusebio Poncela durante el rodaje cuando, antes de que estalle la polémica entre escritor y director, declara: "Lo innovador está en cómo cuenta Vázquez Montalbán las historias, no en las historias en sí mismas. En éstas hay acción, *mucho sexo, demasiado sexo* y unas determinadas características" (Rodríguez, 1984). Ante las protestas de Montalbán, Aristarain se defiende: "Será su sexualidad (por Montalbán) la que no anda bien. Yo no tuve prejuicios al hacer la serie, como no los tiene el personaje. Pero está claro que en las novelas aparecen situaciones que sería imposible llevar a la pantalla. Sería escandaloso" (Vara, 1986).

Montalbán se indigna especialmente tras el capítulo "El mar, un cristal oscuro" (Lacalle, 2016) y lo cierto es que el capítulo es todo un maratón sexual para el detective. El cocinero jefe le envía a su habitación "un digestivo" en forma de espectacular mujer; la siguiente noche, desvirga a Vanessa, discípula del gurú Paolo. Dos días, dos mujeres y, como no hay dos sin tres, también acaba haciendo el amor sobre la arena con Dora, una pintora madrileña, algo que se veía venir por los suspiros que despertaba entre sus amigas ("¡Por dios, qué guapo es!") y los comentarios de ella misma: "Usted es un ejemplar masculino muy codiciable".

Sin embargo, para Aristarain, todas esas modificaciones no suponen una traición al personaje, pues "Vázquez Montalbán llegó a quejarse diciendo que 'Carvalho nunca haría esto o aquello'. Ignoraba, sin duda, lo fácil que es echar por tierra ese argumento: cada una de esas acciones del detective figuraba ya en las novelas" (Vara, 1986). Resulta curioso que, para todas estas variaciones, Aristarain blanda un argumento parecido al de Vicente Aranda, esto es, que Pepe Carvalho es un personaje antipático para la pantalla cuyo pesimismo hay que transformar, en su caso, en cinismo para poder ser filmado (Lacalle, 2016). Para los estudiosos de Aristarain, el cambio es obvio y positivo, pues su Pepe Carvalho es: "absolutamente distinto del creado por Vázquez Montalbán, profundo, amargo y glotón. A Poncela, en cambio, todo le importa muy poco, se divierte más de lo que sufre y la gastronomía tan cara al escritor le resbala" (Antín, 2002, p. 15).

La fiesta perpetua

El hedonismo del Carvalho de Aristarain va mucho más allá del sexo y se traslada también a su pasión por el viaje. Así, lo primero que sorprende de *Las aventuras de Pepe Carvalho* es su movilidad con respecto al personaje literario. A diferencia de James Bond y como buena parodia de él que es, el Pepe Carvalho literario pasa, en su primera época, por ser un sedentario irredento (o eso creemos): no es que no viaje, es que hacerlo le produce fastidio. De hecho, no faltan autores como Colmeiro (2013) o Balibrea (1999) que consideran una característica común de las primeras novelas de Carvalho la idea de la inutilidad del viaje, cuyo ejemplo paradigmático sería el Stuart Pedrell de *Los mares del Sur*. Ocurre también en *Tatuaje*: el viaje a Ámsterdam resultará una pérdida de tiempo tanto para la investigación (la clave del asesinato ha estado siempre delante de sus narices, en Barcelona), como en lo personal (pues la ciudad se le revela como estructurada alrededor de un capitalismo mimético al español). Otro tanto ocurre con *Asesinato en el Comité Central*, en la que solo abandona su querida Barcelona como un favor personal al que una vez fue su partido, y dando evidentes muestras no ya de desagrado, sino de malestar físico pues la capital le produce alergia e insomnio.

En *Las aventuras de Pepe Carvalho*, sin embargo, el detective se convierte en un viajero febril y gustoso, tanto dentro del estado español como atravesando sus fronteras. Carvalho recorre toda la periferia de España a bordo de su Talbot Horizon plateado, que hace las veces del camión Pegaso que conducía Sancho Gracia en *Los camioneros*.

Según el testimonio de Aristarain, se le permite introducir todas las modificaciones que crea pertinentes en los guiones, con una sola salvedad: se deben mantener las localizaciones (Casado, 2011, p. 187). Existe, por un lado, una razón industrial, la de potenciar la producción periférica, en un momento de duras pugnas legales con las televisiones autonómicas. Pero esa condición también está motivada por el interés de los productores en plasmar la diversidad española. Recordemos que el gobierno socialista fue el principal encargado de desarrollar el título VIII de la Constitución y, por lo tanto, de hacer posible el bautizado como Estado de las Autonomías.

Como quiera que las localizaciones son innegociables para TVE, resulta pertinente compararlas con sus referentes literarios. En el siguiente cuadro, comparamos los escenarios de los capítulos y los de los relatos que las inspiran, publicados posteriormente, primero en prensa y después en libro:

Título del capítulo de la serie	Localización del capítulo	Título del relato de Vázquez Montalbán	Localización del relato
"Young Serra, peso pluma"	Barcelona	"Desde los tejados"	Barcelona
"La dama inacabada"	Ciutadella (Menorca)	"La muchacha que no sabía decir no"	Barcelona
"Golpe de Estado"	Barcelona	"Aquel 23 de febrero"	San Miguel de Cruilles, (Ampurdán)

Título del capítulo de la serie	Localización del capítulo	Título del relato de Vázquez Montalbán	Localización del relato
"El mar, un cristal opaco"	Matalascañas (Huelva)	"Pablo y Virginia"	Jávea
"El caso de la gogó-girl"	Sète (Francia)	"Buscando a Sherezade"	Marbella
"La curva de la muerte"	Costa da Morte (Galicia)	"Una desconocida que viajaba sin documentación"	Galicia vs. Torretes del Vallés/Montchicoi
"Recién casados"	Andorra	"Hice de él un hombre"	Monasterio de Piedra
"Pigmalión"	Barcelona/ Maresme/ Castelldefels	"Las cenizas de Laura"	Barcelona

Carvalho viaja por un Estado que se reorganiza administrativamente, pero también culturalmente. En su estudio sobre la cultura española post-franquista, Quaggio (2014, p. 328) sostiene que el propósito del Ministerio de Cultura, liderado por Javier Solana, consistía en el desarrollo harmónico de las dos tradiciones culturales de España. Por un lado, la España ilustrada y, por el otro, la España barroca, que tenía sus raíces en la contrarreforma. Una y otra se verán reflejadas en la serie, bien es cierto que, probablemente, con más intensidad la segunda.

De esa voluntad de aunar ambas sensibilidades da fe el debate en el seno del Ministerio de Cultura a la hora de crear el nuevo logo de Turespaña, esto es, el planteamiento de cuál debe ser la imagen del país en el mundo. En los documentos internos del Ministerio en los cuales se debate este nuevo logotipo y que recoge Quaggio (2014), leemos: "No tratamos de atraer al turista solamente por el clima y el sol, sino a través del arte, la historia, la gastronomía y los sitios únicos"[18].

El encargado de transmitir esa unión a través del diseño va a ser Joan Miró. Quaggio sostiene que Joan Miró es la figura más relevante de la

---

18 El turismo cinematográfico español y su relevancia en la imagen del país ha sido ampliamente estudiado por Antonia Rey-Reguillo (2007).

Transición desde el punto de vista iconográfico (2014, pp. 214–220). El trabajo de Miró es, sin duda, un nexo entre las diferentes etapas de la Transición, pero también entre las distintas instituciones. También, por lo que se deduce de Turespaña, de las dos grandes tradiciones culturales que identifica el socialismo.

Joan Miró representa a las vanguardias y, por lo tanto, a la España ilustrada. Es en Barcelona donde desarrolla buena parte de su trabajo público, siendo su obra visible para cualquiera de los que llegan y pasean por la ciudad. Su presencia va a ser fundamental en un episodio como "Young Serra, peso pluma". El capítulo se abre con su logo para La Caixa y, posteriormente, el joven hijo de Young simulará estar pintado una de sus obras a tiza en La Rambla. Es de suponer que en esta presencia de Miró pesara su reciente fallecimiento en 1983, pero no es menos cierto que su reivindicación para el poder socialista era relativamente sencilla y escasamente problemática. El trabajo como pintor –pero también como escultor o ceramista– de Miró hace de nexo entre la dictadura y la Transición. Así, su mosaico, con el que se recibe al visitante en la Terminal 2 del aeropuerto de El Prat, fue inaugurado en 1970 en plena dictadura; en 1976, se hacía lo propio con su mosaico del Pla de l'Os, en La Rambla, cerca de donde simula dibujar el hijo de *Young*; por fin, la relación entre Joan Miró y un Ajuntament socialista deseoso de convertirle en icono de su modernidad era, en el momento de la producción de la serie, muy estrecha: su escultura de 22 metros de altura *Dona i ocell* se ha erigido en el Parc de l'Escorxador. La plaza, diseñada por Antonio Solanas, Andreu Arriola, Beth Galí (por entonces pareja de Oriol Bohigas, factótum del urbanismo socialista de la época) y Màrius Quintana, aprobada en 1979, fue inaugurada justo el año de la muerte de Miró. No fue el equipo del alcalde Narcís Serra el único en intentar convertirlo en icono de su política: la UCD lo hizo presidente de honor del Patronato del Museo de Arte Contemporáneo y requirió sus servicios para el cartel publicitario del Mundial de Fútbol de España 82; en 1981 fue contratado por la Generalitat para publicitar la muestra *La Catalogne aujourd'hui* (1981), en la UNESCO, exposición que suponía la presentación internacional en sociedad de la recuperada autonomía. De la disputa política por su legado da fe la anécdota que relata Pep Subirós (1993): en su fallecimiento, la familia pidió que no se le hiciera ningún homenaje, admonición que desoyó el President de la Generalitat, Jordi Pujol, que acudió a la residencia familiar de Miró a dar el pésame.

A esa España ilustrada van a pertenecer también algunos de los intelectuales que pueblan la serie: los pintores abstractos autoexiliados en las playas de Matalascañas como Dora, o el gurú Paolo, que recita *El libro del desasosiego* de Fernando Pessoa en "El mar, un cristal opaco"; también Vicente, el antropólogo cultural, académico y conferenciante de "La curva de la muerte" y, por encima de todos, el propio Pepe Carvalho, que se niega a cumplir con el ritual pirómano de la quema de libros e incluso se atreve a regalar cultura. Un arte, una ilustración, tan disfrutable que es capaz de convertir los restos de la cultura talayótica menorquina en privilegiado escenario de encuentros sexuales en "La dama inacabada".

Y si esa España ilustrada aparece reflejada en los capítulos, igualmente lo está la España barroca, identificada con la recuperación de las fiestas tradicionales, pues: "la cultura para los socialistas siempre implicó una dimensión lúdica y popular" (Quaggio, 2011, p. 20). Carvalho, en la serie, se convierte en un detective ciertamente afortunado: en "La dama inacabada", el caso le coincide en el tiempo con las fiestas patronales de Ciutadella, con su espectacular danza de caballos; suprimida la parte sacramental, "Recién casados" se abre con una costumbrista recreación del ritual festivo de una boda.

Relacionado con esta tradición festiva, la buena mesa como rito social será esencial, no solo en la personalidad de Carvalho, sino también de los lugares que recorre. Aunque a ratos pase penurias cuando no tiene trabajo, como ocurre en "El caso de la *gogó-girl*", estas se acaban cuando se desplaza por la geografía española y se sienta a la mesa: por su fama le agasajan en "El mar, un cristal opaco"; por los viejos tiempos en "La curva de la muerte" o "Golpe de Estado"... Es una gastronomía rica y diversa, principal motivo para no emigrar del país cuando Davis, su antiguo colega de la CIA, le ofrezca trabajo.

La serie también recurrirá, como no puede ser de otra manera, al tópico más evidente del logo de Turespaña: el turismo de sol y playa[19]. Las playas

---

19 Sobre el poder simbólico del Mediterráneo como lugar no solo de disfrute, sino también de purificación en el cine español ha trabajado Juan Carlos Ibáñez (2020).

aparecen en la mayoría de los capítulos: las de Matalascañas en "El mar, un cristal opaco", las de Menorca en "La dama incabada", las de Caste-lldefels en "Pigmalión", las de Sitges en "El caso de la *gogó-girl*", las de Galicia en "La curva de la muerte", siendo estas últimas las únicas que no están bañadas por el sol. A diferencia del Carvalho de Montalbán, reacio hasta 1992 a salir de su amada Barcelona y que, cuando lo hace, como en *La rosa de Alejandría*, no puede evitar verbalizar su fastidio, tanto él como el resto de personajes se deshacen en loas hacia los lugares que visita con frases como: "Nadie me cree, pero Mahón es la ciudad más maravillosa del mundo" ("La dama inacabada") o "Esto es casi el paraíso" ("La curva de la muerte").

Por último, no es para nada desdeñable en esta imagen de modernidad cultural que los personajes que se encuentra en su camino posean, como el propio Carvalho, una moral laxa y ciertamente epicúrea, muy alejada de la de aquella España de "cerrado y sacristía" machadiana. *Las aventuras de Pepe Carvalho* modela culturalmente al personaje para convertirlo en un protagonista moderno, o por lo menos, partícipe de una determinada manera de entender la modernidad española, habitante de un país de parajes paradisiacos diversos, buena mesa, arte, vanguardia y notables infraestruc-turas (las carreteras que recorre una y otra vez un incansable Carvalho)[20]. En resumen, todo aquello que lo haría constitutivo de convertirse en un gran destino turístico para los europeos de finales de siglo.

"Un asesinato literario"

Las modificaciones realizadas por Aristarain causan estupor en Vázquez Montalbán. La recepción de la serie es realmente chocante por cuanto, si en un primer momento parte de la crítica la recibe con alborozo, las opiniones de esa misma crítica se tornarán desprecio al acabar la misma. Así, en *La Vanguardia* se destaca que: "Aristarain ha descrito con notable maestría la Barcelona del barrio donde opera Pepe Carvalho" y "no dejará indiferente

---

20 La cuestión de la carretera, no era, ni mucho menos, un asunto menor. Recorde-mos que el país coproductor era Francia y que, cuando su gran personaje Astérix visitó España, allá por el 1969 en *Astérix en Hispanie*, Goscinny y Uderzo no pasaron por alto la ocasión de hacer escarnio de la deficiente red vial española.

a la audiencia" en lo que constituye "una buena muestra de calidad a
nivel europeo –por así decirlo- que ha llegado en las series de TVE (Baget
Herms, 1986a). El mismo crítico, sin embargo, es mucho menos efusivo a
la hora de criticar el último capítulo: "Parece claro que Adolfo Aristarain
ha ejercido, por propia voluntad y/o por dejación de los otros responsables,
como verdadero autor y ha dado su visión personal de un universo y de un
personaje" (Baget Herms, 1986b).

Otro ilustre crítico como Juan Cueto marca la línea a seguir por los
cercanos a Montalbán desde *El País*:

> "Es una de las pocas producciones de TVE que posee envergadura cinematográ-
> fica digna de crédito. [...] Raras veces he visto en las mercancías manufacturadas
> para ser emitidas por el televisor una de aspecto externo tan exportable, dotada
> de ambientación, iluminación y realización sencillamente creíbles...[...] Ya digo,
> lo de *Pepe Carvalho* suena bien si hacemos abstracción del personaje, de la mate-
> ria prima novelística y, por lo visto, de los guiones originales. Pero es un asesinato
> literario". (Cueto, 1986)

Es evidente que tanto Baget Herms como Cueto tienen muy presente la
polémica que acompaña a la serie. Montalbán se muestra molesto desde
antes del estreno (Amela, 1985), pero, tras el episodio que lleva por título
"El mar, un espejo oscuro", se desencadena su ira. El escritor expresa su
enojo en una carta enviada al diario *El País*, del que era colaborador en
esos momentos. En ella afirma:

> "Cada viernes por la noche contemplo la serie Carvalho, con una mano sobre
> los ojos, los dedos separados, eso sí, para ver y no ver. Para ver lo que reco-
> nozco y para tratar de no ver lo que me resulta irreconocible". (Vázquez Mon-
> talbán, 1986a)

A esta misiva llegarían nuevas intervenciones de amigos de Vázquez Montalbán, de nuevo en el diario *El País*, que no solo se limitarán a la defensa del
autor, sino que, en ocasiones, pasan a atacar con virulencia a Aristarain. Un
buen ejemplo del primer caso podría ser la del coguionista Domènec Font:

> "Detrás de la serie sobre Pepe Carvalho [...] hay dos proyectos que parecen
> reclamar su propia independencia y que difícilmente cohabitan. Por un lado, nos
> encontramos ante un producto de sólida factura y sin aparentes agujeros en su
> ortografía, con un soporte de producción e imagen perfectamente trabados y
> una excelente interpretación de Eusebio Poncela. [...] Como por arte de magia
> se ha procedido a una milagrosa desaparición de algunas ideas temáticas, [...] al
> socorrido trasvase de personajes y diálogos de las novelas que no figuraban en

los guiones originales y a la progresiva pérdida del paisaje familiar de Carvalho [...] Pero es que, además, se ha planteado una lectura radicalmente distinta del personaje central y su entorno". (Font, 1986)

Tiempo después, Vázquez Montalbán sigue mostrándose firme en el repudio de la serie. Así, declara al diario *A quemarropa*, editado por la Semana Negra de Gijón: "El esfuerzo de producción y realización fue excepcional, pero el resultado no dejó de ser un bodrio... Se modificaron los diálogos para endurecerlos. Todo lo que no era intriga y enigma fue borrado del guion" (recogido en Blanco Chivite, 1992).

La serie tendría consecuencias en la biografía profesional pero también sentimental del detective. En un ajuste de cuentas con los responsables de la adaptación, Vázquez Montalbán hará viajar a Madrid a su personaje para investigar en el relato titulado "Asesinato en Prado del Rey", dentro del volumen *Asesinato en Prado del Rey y otras historias sórdidas* (Vázquez Montalbán, 1987f). El fenecido es un realizador (bautizado como Arturo Araquistain), cuyo cuerpo aparece en un poco decorosa situación, con "un ramito de violentas" asomando desde su braqueta.

Por suerte o por desgracia, Carvalho ya no pertenece a Montalbán. Es un icono nacional. En 1983, el PSOE ha llegado al poder. Con él, una nueva generación de cuadros dirigentes. Tienen claro cuál es la imagen que quieren transmitir al mundo. Tienen claro qué papel deben jugar los intelectuales y los medios audiovisuales en dicha imagen. Montalbán se rebelará contra esa versión con ayuda de sus antiguos amigos. Y su venganza será tanto literaria como audiovisual.

Capítulo 5: Las cicatrices geográficas de la dictadura. El díptico *Olímpicament mort* (TV3, 1986) y *Els mars del Sud* (Manel Esteban, 1992)

> *"La suya es una narrativa muy olfativa y muy poco interesante para ser adaptada porque es muy poco fuerte...* Los mares del Sur *es una novela que se lee muy bien, pero es completamente inconexa, de estructura completamente frágil que él rellena con continuas referencias a la gastronomía, la política y la vida social a través del conocimiento instintivo de las cosas que tiene Manolo".* (Gustau Hernández, entrevistado por Riambau y Torreiro, 1998, p. 226)

La serie de TVE modifica la vida profesional y personal del detective. El estreno es aprovechado por la Editorial Planeta para lanzar la "Serie Carvalho", primera dedicada a un personaje de ficción en la historia de la literatura española (Colmeiro, 2013, p. 36). La interpretación de Aristarain va a tener una influencia decisiva en el desarrollo del personaje ya que, tras su polémica realización, el escritor enfatizará los aspectos paródicos. Desencantado por la cantidad de sexo que vio en pantalla, en la siguiente aventura literaria de Carvalho, *El balneario* (1986), según declaraciones de Montalbán: "Carvalho se pone a dieta y no folla".

Además, el trabajo en los diferentes tratamientos de los capítulos descubre a Montalbán las posibilidades del relato breve. Es un elemento de mucha enjundia para el universo carvalhiano, ya que este tipo de narraciones "son fundamentales para puntear la cronología interna del detective" (Aranda, 1997). De uno de esos tratamientos nacerá la nueva adaptación, el telefilme metanarrativo *Olímpicament mort* (TV3, 1986), la primera aventura de Carvalho con el escenario de los Juegos Olímpicos como telón de fondo, avanzándose la pantalla a la literatura en el periodo calificado de "olimpificación", esto es, "la transformación de Barcelona, como metáfora de la nueva España, posmoderna, europea y globalizada" (Colmeiro, 2013, p. 31)[21]. Un proceso que también late en la siguiente adaptación, el largometraje de la obra más famosa de Montalbán, *Los mares del Sur*. Más allá de las diferencias formales, dicha unidad temática, y el hecho de que ambas estén dirigidas por Manel Esteban, permiten su análisis conjunto.

Un rasgo que comparten muchos de los implicados en este particular díptico es su participación en el movimiento antifranquista. Manel Esteban, por ejemplo, ha formado parte del grupo conocido como "El Volti", destinado a utilizar el audiovisual contra la dictadura. Como Vázquez Montalbán ha sido miembro del PSUC en la clandestinidad[22]. Esteban ha sido colaborador habitual de otro *psuquero*, el realizador Pere Portabella, que tendrá un papel destacado en *Olímpicament mort* interpretando a Pere Vallès, el alto cargo cuyo asesinato es el catalizador de la trama.

La producción de ambas obras corre a cargo de Cyrk, empresa que funda Manel Esteban en 1984 junto a Carles Nogueras, Jordi Espulgues y Pere Ignasi Fages. Este último es otro antiguo militante comunista y miembro de "El Volti", productor de *Umbracle* (1972), de Pere Portabella, filme en el que el propio Esteban intervino como director de fotografía. Tiempo después, Fages se autoexilia en Francia, donde trabaja como secretario personal de Santiago Carrillo, líder del Partido Comunista de España. Con el tiempo, el papel de Cyrk será puesto en duda por otros colegas, que la acusarán de trato de favor por parte de la administración, tanto en Cataluña como en España, muy especialmente a raíz de las ayudas públicas recibidas para el rodaje de *1492, la conquista del paraíso*, de Ridley Scott (1992). Una subvención que se pone bajo sospecha debido a que es otorgada durante el mandato como Ministro de Cultura de Jordi Solé Tura, otro antiguo compañero en el PSUC de Montalbán y Fages.

En cuanto a los guionistas, en *Olímpicament mort* figuran dos compañeros de género y oficio de Montalbán, como son Andreu Martín y Jean-Claude Izzo. Este último entra en contacto con el resto del elenco

---

21 Fuera de la pantalla, pertenecerán a este ciclo *El delantero centro fue asesinado al atardecer* (1988), *El laberinto griego* (1991), *Sabotaje olímpico* (1993) y, tiempo después, *El hombre de mi vida* (2000).
22 Ambos coinciden en 1965 en la revista *Siglo 20*, de la que era redactor jefe Vázquez Montalbán.

debido a una estancia en Barcelona a inicios de los años 80. Además de la escritura, también le une la militancia política, pues es miembro del Partido Comunista Francés (Tyras, 2014). En *Els mars del Sud*, el guion es obra de Manel Esteban y de Gustau Hernández. A la sólida carrera del último como adaptador de Mercè Rodoreda (*La plaça del Diamant*, TVE, 1982) y Josep M.ª de Sagarra (*Vida privada*, TVE, 1987), añade que también ha sido miembro del PSUC y de "El Volti" en la clandestinidad.

Más allá de la camaradería, cabe preguntarse qué interés tienen en recuperar el personaje de Carvalho este grupo de militantes de izquierda. Frente al entusiasmo colectivo del proyecto olímpico, Vázquez Montalbán, Manel Esteban y buena parte del equipo creativo van a emplear el díptico *Olímpicament mort* y *Els mars del Sud* para criticar que esa Barcelona olímpica, tan postinera y optimista que se está construyendo, prefiere mirar hacia otro lado cuando se le señala la herencia franquista, imborrable en las cicatrices geográficas que surcan la ciudad y sus alrededores.

La polémica interpretación del urbanismo del alcalde franquista Josep Maria de Porcioles entre 1957 y 1973 es de sobra conocida por el grupo. En buena medida gracias a que, en plena dictadura, Montalbán impulsa la edición de la revista *CAU: construcción, arquitectura, urbanismo*. Inspirado por Henri Lefebvre, a través de ella consigue transmitir críticas al franquismo que, por otros medios, habrían sido censuradas. Su gran hito será el monográfico conocido como *La Barcelona de Porcioles*, en el que una serie de autores desmontan con fiereza los tejemanejes especulativos del regidor, estructurando las denuncias en forma de abecedario. Cuando se lanza el proyecto olímpico descubren, para su sorpresa, que buena parte de los proyectos inconclusos de Porcioles son retomados por un Ajuntament socialista cuyos representantes han crecido políticamente a su sombra. Porcioles ya planificó una nueva Exposición Universal en 1982, emplazada en la misma montaña de Montjuïc que va a ser punto central de la futura Olimpiada. Forma parte de la tradición barcelonesa de la "cultura del acontecimiento", de la promoción de grandes cambios de la ciudad a través de macroeventos, en aras de los cuales se pisotean los derechos ciudadanos. Ocurrió con las Exposiciones Universales de 1888 y de 1929, pero también con la urbanización del sur de la Diagonal que propició el Congreso Eucarístico de 1952.

No solo eso, los JJ. OO. también consuman otros dos de los grandes proyectos de Porcioles: el Plan de La Ribera y la esponjización del Distrito

V. Ese blanqueamiento de un turbio periodo histórico tendrá un nuevo jalón con la concesión de la Medalla de Oro de la ciudad de Barcelona a Porcioles por parte de Pasqual Maragall en 1984, lo que genera un profundo malestar en Vázquez Montalbán. Años después, con motivo de la muerte de Porcioles, sigue sin perdonarlo, y escribe una demoledora columna en el diario *El País* que lleva por título "La limpieza étnica de los señoritos" (1993).

La persona encargada de comunicar la buena nueva de los Juegos Olímpicos es otra figura íntimamente vinculada con Porcioles y con el franquismo. Cuando Joan Antoni Samaranch pronuncia su célebre frase "A la ville de Barcelona, Espagne!" el 17 de octubre de 1986, hay quien ve al influyente presidente del Comité Olímpico Internacional, la persona que consiguió hermanar a estadounidenses y soviéticos a través del deporte, avalar un proyecto que va a transformar la ciudad. Pero para los antiguos militantes en la clandestinidad, no es tanto un prohombre democrático como un personaje esencial de la Barcelona franquista, que se enriqueció gracias a su discutible alianza con Porcioles, y que detentó el cargo de presidente de la Diputación de Barcelona durante la dictadura (Palacio, 2020). Dos figuras problemáticas, pues, directamente relacionadas con los Juegos Olímpicos y que establecen una conexión directa entre el Ajuntament democrático y el franquista.

Olímpicament mort: la destrucción de la memoria

La trama de *Olímpicament mort* versa sobre un asesinato motivado por unos documentos trascendentales en la elección de Barcelona como sede de los Juegos Olímpicos de 1992. Carvalho debe encontrar al asesino y los informes. Producida para una TV3 en los albores como cadena pública y generalista, en su producción se reproducen las prisas que ya vimos en *Asesinato en el Comité Central*. Hay que rodar rápido para que tenga una pátina de rabiosa actualidad. El director Manel Esteban solía bromear con que el telefilme fue un antecesor del movimiento danés DOGMA, pues fue producido en el plazo de quince días ("Hem de treballar...", 2002).

El nuevo Carvalho es Constantino Romero, conocido artísticamente como "Tino" Romero. Se acaba de iniciar en el medio televisivo con el concurso *Ya sé que tienes novio*, producido por los estudios de TVE en

Sant Cugat del Vallès, donde también trabaja el director Manel Esteban. Parece obvio que, en la elección de Constantino Romero, que se produce al tiempo que se filman *Las aventuras de Pepe Carvalho* rodeadas de polémica, hay cierto deseo de separarse diametralmente de lo que está haciendo Aristarain. En realidad, el telefilme y su protagonista son un ejercicio metanarrativo. Nos encontramos aquí con un Carvalho más grueso y menos atractivo que Carlos Ballesteros, Patxi Andión o Eusebio Poncela, aunque eso no merme su capacidad de seducción. Este anti-Poncela, con un físico ciertamente parecido al de Vázquez Montalbán, bilingüe por primera vez en una adaptación, nunca llega a consumar con ninguna de las mujeres que se le presentan en el caso, no abandonará jamás Barcelona y tampoco le permitirán disfrutar de la mesa y el vino más allá de un humilde Blanc de Blancs.

El papel de Charo recae en Eva León, hermana de la cantante Rosa León, especialmente popular en el mundo de la revista, universo que será decisivo en el argumento del telefilme. Biscuter es interpretado por Llàtzer Escarceller, un actor que ilustra esa descripción de "fetillo" con la que Vázquez Montalbán definió al personaje. De nuevo, se trata de un artista sumamente popular en la cultura catódica catalana, en especial por sus colaboraciones en sendos programas de TV3 como *Tres i l'astròleg* (1984) y *Filiprim* (1986–1989). *Olímpicament mort* no puede -ni quiere- esconder su escaso presupuesto. Lo demuestra la presencia constante de amigos, de Andreu Martín a Pere Portabella (en un personaje claramente inspirado en Samaranch: deportista, mujeriego, y de turbios politiqueos), pasando por Teresa Gimpera o el mismo Vázquez Montalbán interpretándose a sí mismo.

Olímpicament mort, como gran parte de la obra de Carvalho y la obra de teatro *Flor de nit*, estrenada el 7 de abril de 1992, es una reflexión de Montalbán sobre el coste que las reformas olímpicas suponen en la memoria urbana. No es de extrañar que los dos escenarios fundamentales en el filme sean, en primer lugar, el frente marítimo y, en segundo, la montaña de Montjuïc. Uno representa la Exposición Universal de 1888; el otro, la de 1929. Ambas quedan unidas en el primer plano, en una panorámica en la que la cámara se desplaza desde la montaña de Montjuïc, escenario de la Expo de 1929 hasta la estatua de Colón, símbolo de la de 1888.

El frente marítimo, en concreto, es un imán hacia el que se dirigen todos los personajes, y la estatua de Colón aparece en el planteamiento, el nudo y el desenlace. Su poder simbólico es múltiple. El monumento fue erigido en 1888, y su emplazamiento ponía el colofón a la recuperación de parte del frente marítimo por parte de la ciudad, ya que hasta entonces su lugar lo ocupaba una muralla. La escultura era una reivindicación del papel de Catalunya en el descubrimiento de América (Subirachs, 1999). En línea con este simbolismo, en 1986 se celebró un "matrimonio" promovido por el Ajuntament, entre Europa, representada por la estatua de Colón, y América, representada por la estatua de la Libertad neoyorquina. Su presencia recurrente en el telefilme establece un diálogo político de tintes irónicos con ese horizonte de 1992, el de los Juegos Olímpicos, pero también el de la conmemoración del descubrimiento de América, el llamado V Centenario que tanto desagrada a Montalbán. Colón es un personaje polémico entre el nacionalismo catalán, pues a menudo se asocia con el imperialismo castellano. Su omnipresencia parece remitir a la opinión de Vázquez Montalbán sobre la tutela que el Estado español iba a imponer al nacionalismo catalán durante la celebración de los Juegos Olímpicos.

La estatua de Colón marca el inicio de la apertura al mar, pero también el fin del retorno a la ciudad de los tres grandes espacios propiedad del gobierno central con motivo de otros tres grandes acontecimientos: la Ciutadella, recuperada durante la celebración de la Exposición Universal de 1888; Montjuïc, ídem para la de 1929; y el Moll de la Fusta, que se recuperaría para la ciudadanía con motivo de los Juegos Olímpicos de 1992. Dicho muelle, también llamado de Bosch i Alsina, se iniciaba a los pies de la estatua en honor del marino genovés. Su presencia simboliza la transformación olímpica por diversas razones: por la lentitud con la que se llevaron los cambios, por las dificultades técnicas producidas por esa Ronda Litoral de herencia porciolista pero, también, por cuestiones administrativas y políticas, como fue la negociación de los terrenos con el ejército.

El otro gran escenario de *Olímpicament mort* será la montaña de Montjuïc, rebautizada como "montaña mágica" dado que en ella se sitúa el "anillo olímpico", un conjunto de equipamientos deportivos que albergarán las grandes competiciones de los Juegos Olímpicos: el atletismo en el Estadi Olímpic Lluís Companys, el baloncesto y la gimnasia en el Palau Sant Jordi y la natación en las Piscines Picornell. En la fecha del rodaje, 1985, buena parte de los equipamientos deportivos ya se hallan en fase de construcción, pues el Comité Olímpico Internacional así lo exige para tener opciones en la elección de 1986. Sin embargo, solo llegamos a ver la reforma del Estadi Olímpic, obra de Vittorio Gregotti. De nuevo, el telefilme se recrea en retratar los edificios construidos con motivo de otra gran efeméride, como fue la Exposición Universal de 1929, como el Palau Nacional de Cendoya y Catà, y a su falda, la célebre "fuente mágica", diseñada por Carles Buïgas.

El último escenario urbano que veremos en pantalla es el lecho del Besós, donde aparece el cadáver del personaje de Martín Robert, el detective interpretado por Andreu Martín. Será donde acabe la reforma del frente marítimo que se inicia en la estatua de Colón. El suculento espacio que Porcioles ha intentado recalificar y urbanizar con el llamado Plan de La Ribera y que solo la oposición vecinal ha conseguido evitar. Unos niños juegan a pelota y hacen barquitos de papel con los importantes documentos que busca Carvalho. A su espalda, las torres de la incineradora del Besós, o lo que es lo mismo, los restos de una Barcelona industrial que va a ser asolada por el nuevo y flamante concepto de ciudad terciaria que se ha proyectado.

Los niños desfavorecidos se muestran como representantes de esa población que va a quedar no solo al margen, sino olvidada de las grandes inversiones que van a inundar de millones el resto de la ciudad. Se refleja así una de las grandes críticas de la izquierda al proyecto del ayuntamiento socialista, el que pronto recibirá el nombre de "Modelo Barcelona". Al tiempo que se reivindica parte del pasado modernista, en concreto todo lo que tiene que ver con la vida de la alta burguesía de principios de siglo, se resignifica la memoria de los edificios fabriles y de los obreros que trabajaron en ellos. Las luchas laborales de aquellos con cuyo trabajo se sufragó la Barcelona monumental quedan diluidas en la nueva Barcelona de *disseny*.

No es el único recuerdo que la "piqueta olímpica", como la apoda Montalbán, va a destruir. El filme aventura que las cicatrices olímpicas no serán solo geográficas, sino también culturales. Para el Ajuntament socialista, la Barcelona olímpica será estética, de *disseny*, o no será. Es un hecho que irrita especialmente a los nacidos en una de las zonas que, junto al Poblenou, más sufrirá las transformaciones, el antiguo Distrito V, ahora rebautizado como Raval. Entre ellos se encuentra Terenci Moix, Josep Maria Benet i Jornet, Maruja Torres y el propio Manuel Vázquez Montalbán.

El travesti Placer, interpretado por la transexual Cristine Berna, es el personaje que encarna esa desaparición de una manera de entender Barcelona.

La presencia de travestis en la obra carvalhiana es constante. La razón la da el propio Montalbán en una de sus intervenciones en *Olímpicament mort*, cuando el personaje de Fuster le pregunta: "¿Y por qué introduces tanto travesti en tu obra?". A lo que el autor/actor responde:

> "No sé, es una fijación que quizás tenga desde la infancia. [...] Además, lo veo en muchas circunstancias como síntoma de cuando una sociedad quiere cambiar de aspecto, incluso falsificándose a sí misma. Por ejemplo, eso me ha servido mucho como una metáfora de los cambios políticos en el propio país".

La muerte de Placer al final del filme es también la muerte de una forma de entender la cultura que ya no va a tener lugar en la nueva ciudad que están planeando las altas esferas. Es el fin de la revista, de esa ciudad canalla de las novelas de Sagarra, de películas como *Tuset Street* (Luis Marquina, 1968). *Olímpicament mort* es la despedida de Carvalho de dichos escenarios sentenciados por los planes urbanísticos.

El local Barcelona de Noche (calle de las Tàpies, 5), donde actúa Placer junto a otro pionero del travestismo y de los derechos LGTB como Paco España, desaparecerá en medio de la reforma del Raval en 1990. Lo mismo ocurrirá con el Teatro Barcelona (Rambla de Catalunya, 2) que cerrará en 1983 y será demolido en 1987: o con la Cúpula Venus (Rambla, 37), que cerrará sus puertas en enero de 1986. En 1987, llega el turno del Teatro Talía (Avenida del Paralelo, 100), también conocido como Martínez Soria y el 23 de septiembre de 1990, se derruye el Apolo (Avinguda del Paral.lel, 59) para levantar un hotel, un parking y un nuevo teatro, todo según planos del arquitecto Arnaldo Rodríguez Roselló. Los JJ.OO suponen el fin de ese Paral.lel que había encandilado a generaciones de barceloneses.

Para Vázquez Montalbán, tal y como dejó escrito en su guía *Barcelonas* (1987a), eran precisamente el Barrio Chino y el Paral.lel los que diferenciaban a la Ciudad Condal de cualquier otra ciudad europea. Para el autor, aquellos que habían sido apodados como el "Broadway barcelonés" o la "Vía del Pecado", constituían "el necesario negativo de la virtud". El escritor escribía con pena:

> "Pocas de aquellas mecas de la alegría ciudadana han sobrevivido a la piqueta, como si los edificios hubieran pagado un tributo a lo efímero de su propuesta cultural, o como si la industria más caprichosa fuera precisamente aquella que atiende a la veleidad del ocio". (1987a, p. 122)

El personaje de Placer, finalmente, obedece al mismo mecanismo que otros asesinos de las novelas anteriores de Vázquez Montalbán: la trama gira en torno a políticas y corruptelas que no son sino pistas falsas para que, finalmente, la culpabilidad recaiga en el crimen pasional. En este sentido, Placer muestra la misma postura hacia los Juegos Olímpicos que Pepe Carvalho y que su autor, Vázquez Montalbán: la indiferencia total con un proyecto liderado por una élite financiera y política que nada tiene que ver con el día a día de los ciudadanos.

Els mars del Sud: nuevos tiempos, viejas especulaciones

Si el material de *Olímpicament mort* es original, el de *Els mars del Sud* consigue el ansiado proyecto de adaptar la novela con la que Manuel Vázquez Montalbán obtuvo el Premio Planeta en 1979[23]. En la novela y en la película, Pepe Carvalho debe descubrir qué ha hecho un constructor en el polígono de San Magín durante el año en el que se le creía en los mares del Sur.

Carvalho es, en esta ocasión, un veterano como el actor Juan Luis Galiardo. El Carvalho de Galiardo es un detective más avejentado con una preocupante tendencia a la dipsomanía y el tabaquismo. Tal vez por eso, algunos han opinado que "Galiardo le da un toque diferente, más elegante, pero al mismo tiempo también más canalla" (Comas, 2003).[24] De nuevo bilingüe, Galiardo será doblado al catalán. Charo es interpretada por Alejandra Grepi, que tiene 30 años cuando se estrena la película, frente a los 52 de Galiardo. Biscuter será Carlos Lucena[25] y Bromuro, Alfred Lucchetti. Se da la circunstancia de que Lucchetti y Lucena habían encarnado a las dos

---

23 La posible adaptación de *Los mares del Sur* llevaba negociándose desde su publicación. En un primer momento, Vázquez Montalbán afirma que el director Joseph Losey está interesado en llevarla a cabo, con guion de Guillermo Cabrera Infante (Febrés, 1985, p. 100). Posteriormente, es Vicente Aranda el que afirma haber recibido una oferta para ocuparse de su adaptación.

24 En catalán en el original.

25 Curiosamente, el actor participó en otra adaptación de Pepe Carvalho, interpretando un papel diferente. Antes de *Els mars del Sud*, en *Tatuaje*, encarnó

posiciones enfrentadas en la izquierda teatral durante los años 70: mientras Lucchetti formaba parte importante y visible de la ortodoxia del PSUC, Lucena había liderado a los afiliados del mundo del espectáculo de la CNT junto a Mario Gas.

La primera noticia del interés de Esteban por la novela se produce en 1986, cuando el director presenta *Olímpicament mort* (Amela, 1986). Tarda, por lo tanto, seis años en levantar la producción. Durante ese periodo, diversos acontecimientos vienen a confirmar los temores de los que, desde un primer momento, han recelado del proyecto olímpico. Si *Olímpicament mort* retrata el centro de la ciudad, *Els mars del sud* viaja a la periferia, a unos polígonos de viviendas que vuelven a ser, como en la novela de 1979, el escenario de la lucha de clases.

Los polígonos de viviendas tenían un contenido altamente simbólico para los miembros de la izquierda antifranquista. Desde los años 50, habían aflorado en las localidades limítrofes de Barcelona con la aquiescencia del alcalde Porcioles, obteniendo pingües beneficios para la élite de constructores barceloneses. La elevada densidad de población, su escasez de servicios y la falta de comunicación con la metrópoli, los convierten en sinónimo de la especulación y la explotación del proletariado. Tan es así que, el mismo año de publicación de la novela, el futuro líder del proyecto olímpico, Pasqual Maragall, describe estas zonas como: "con estándares urbanísticos prácticamente inigualados en Europa, insoportablemente bajos" (citado en Subirós, 1993, p. 72). Son un caldo de cultivo ideal para que los integrantes del PSUC en la clandestinidad, como Montalbán o Esteban se curtan, haciendo proselitismo de unas ideas de izquierda que sus habitantes pueden defender gracias a la aprobación de las asociaciones vecinales por la dictadura. La llegada de la democracia y la absorción de los líderes vecinales por parte de los partidos políticos desmoviliza sus protestas. Un letargo del que los despertará la fanfarria olímpica. La lucha vuelve a sus calles pues:

> "El conflicto objetivamente más importante que se produce a lo largo del periodo olímpico es el que enfrenta, una vez más, a la Generalitat de Catalunya y al Ajuntament de Barcelona, Jordi Pujol y Pasqual Maragall, sobre la cuestión

---

al señor Ramón, cliente de Pepe Carvalho y marido de la adúltera Queta, que acaba por asesinarlo tras la resolución del caso.

metropolitana, cuestión que, en principio, no tiene aparentemente nada que ver
con el argumento olímpico"[26]. (Subirós, 1993, p. 72)

La "cuestión metropolitana" hace referencia al modo en que se relacionaba
la ciudad con su periferia, lo que en su momento se denominó Gran Barcelona y se institucionalizó con la creación de la Corporación Metropolitana
de Barcelona. La CMB nace en 1974 con la función de administrar Barcelona y mejorar la relación con sus ciudades colindantes, donde por entonces
habita alrededor del 80 % de la población catalana. Son núcleos urbanos
en los que gobiernan mayoritariamente alcaldes socialistas y/o comunistas
frente a los nacionalistas conservadores que están al frente de la Generalitat.
A mediados de los años 80, resulta evidente que los primeros, liderados por
Pasqual Maragall, son un rival temible para los segundos, con Jordi Pujol al
frente. La CMB será su gran objeto de litigio. Los socialistas critican a Pujol
que ponga las mismas trabas que Margaret Thatcher en la construcción del
"Gran Londres"; los convergentes denuncian que Maragall pretende mantener una institución creada por el franquismo durante la etapa de Porcioles.

En 1986, con la concesión de los JJ. OO. la tensión se agrava. En el proyecto olímpico de Maragall se contempla, por ejemplo, descentralizar una
serie de competiciones deportivas para que tengan lugar en estas poblacio-
nes vecinas a Barcelona. Un año más tarde, haciendo valer su mayoría abso-
luta en el Parlament, y con el voto a favor de ERC, Jordi Pujol aprovecha las
llamadas *Lleis d'Ordenació Territorial* (LOT) para deshacerse de la CMB
y anular su poder político. Desde sectores progresistas, su desaparición es
considerada como una agresión a la clase obrera por parte del nacionalismo
conservador. Se ahonda así en un tradicional desprecio de clase, pero también cultural. Como expresaba el propio Vázquez Montalbán:

"Piensa que en medio de todo esto está la comprensión de un hecho nacional
basado en la diversidad. Un elemento problemático y conflictivo: ¿qué hay que
hacer con el sector de la población que no tiene raíces culturales catalanas?"[27].
(Febrés, 1985, p. 23)

Hay un problema cultural e identitario. Cuando Carvalho sale por la boca
del metro de San Magín nos dice: "No sabía en qué parte de la ciudad me

26 En catalán en el original.
27 En catalán en el original.

encontraba". Una frase que ilustra a la perfección la extraña relación que Barcelona tiene con su periferia, ese espacio que, en alguna ocasión, Montalbán tildó de "Barcelona conceptual", a la vez parte de la ciudad y fuera de ella. Así, dirá sobre sus habitantes:

"Son de Barcelona, dicen, pero no de una Barcelona física, que podría identificarse con la Barcelona que da servicios sociales y culturales, que es la Barcelona del centro. Pero es que la política de dar servicios en el centro ha sido muy clasista, en el sentido de que el poder municipal no ha sabido establecer una transmisión entre el centro y esta periferia". (Moreno, 1991, p. 101)

Son los suburbios ampliamente retratados en el género quinqui, con José Antonio de la Loma y su saga *Perros callejeros* (1977–1980) a la cabeza. Una estética de bandas juveniles, robos de coches y navajas de la que *Els mars del Sud* es obvia deudora. Si las aventuras de *El Vaquilla* y *El Torete* reflejaban los problemas surgidos de la emigración interior y de la crisis del petróleo, ahora se denuncia que los Juegos Olímpicos, vendidos como bálsamo de Fierabrás para los males de la ciudad y sus alrededores, no solo no van a solucionar, sino que van a acrecentar los problemas de esta parte de la población. Así lo intuye Vázquez Montalbán: "De momento (la Olimpiada), crea zonas de privilegio inversor y una peligrosa impresión de que en Barcelona aumenta y aumentarán las diferencias norte-sur y centro-periferia" (1989). Y así lo transmite Manel Esteban al recuperar *Los mares del Sur*.

En la novela de 1979, Vázquez Montalbán trata de plasmar los temores de la elite franquista frente a la Transición. Cuando se rueda el filme, el autor y sus amigos ya saben que el lampedusismo es la norma. El gran capital constructor e inmobiliario privado barcelonés, que hasta entonces tiene reservas con respecto al proyecto democrático del Ajuntament, debido a su ideología socialista, decide unirse al Olimpismo con entusiasmo. Son, en esencia, los mismos que hicieron fortuna durante el porciolismo: las familias Sanahuja o Nuñez i Navarro, por poner dos ejemplos. Lo hacen, además, justo cuando afloran las consecuencias de las graves irregularidades que han cometido durante su enriquecimiento franquista.

El 11 de noviembre de 1990, una vecina del Turó de la Peira muere como consecuencia de la aluminosis que afecta a su piso, confirmando que las protestas vecinales por las cada vez más numerosas grietas en los edificios del barrio están más que justificadas. El hecho sucede en un bloque construido durante los 60 por la empresa de Román Sanahuja, uno de los constructores que se van a beneficiar de los Juegos Olímpicos, edificando el peculiar "rascacielos tumbado" de Rafael Moneo en l'Illa Diagonal, una de las Áreas Olímpicas.

En la novela, Pedrell es el arquetipo de un constructor con remordimientos, una pesadumbre causada por sus inclinaciones izquierdistas. Sus colegas constructores desean saber qué ha hecho durante el año que ha estado desaparecido, por temor a que descubran sus corruptelas. En la película, sin embargo, de lo que se trata es de saber si ha hecho algo que les impida lanzar una segunda oleada especulativa. Si la primera tuvo su origen en la emigración, esta segunda, que se anuncia igual de provechosa (o más), tiene su razón de ser en los Juegos Olímpicos.

El macroevento deportivo se presenta así como el momento idóneo para hacer tabula rasa y retomar las prácticas especulativas con las que la elite franquista se ha hecho millonaria durante los años 60 y 70. En 1988, nueve años después de la publicación de *Los mares del Sur*, Vázquez Montalbán vuelve a abordar a través de Carvalho la especulación inmobiliaria con *El delantero centro será asesinado al atardecer*. Su intención es casi idéntica a la que pretende mostrar Esteban en el filme:

> "Quince años después del cambio de régimen, la burguesía se da cuenta de que no pasa nada, de que el modelo de sociedad es el mismo, de que ya no se llama por su nombre, pero es ella quien continúa teniendo las redes del poder económico, y se comporta con un descaro perfecto y una confianza en sí misma absoluta".
> (Tyras, 2003, p. 132)

En 1992, la Federació d'Asociacions de Veïns de Barcelona (FAVB) publica un monográfico de su revista oficial, *La veu del carrer*, dedicado a los Juegos, que sigue la forma del *La Barcelona de Porcioles* de la revista *CAU* de 1974, que tantos sarpullidos había provocado entre la administración municipal en época franquista. De este modo, se cierra el círculo y se sella la analogía. Más irónico y menos técnico, deja a las claras el enfado ciudadano por cómo se había llegado a la fecha olímpica. La crítica se abre con un editorial de Manuel Vázquez Montalbán y se cierra con un poema visual de Joan Brossa que se convierte en todo un icono: el *Nosferatu* de Murnau con la boca tapada por el mironiano logo de La Caixa. La valoración que la Federació hace de los Juegos está lejos de ser complaciente y se parece de una manera casi mimética a las tesis sostenidas por Vázquez Montalbán:

"El precio de la fama es disfrutar de una ciudad cara, segregada socialmente, insolidaria y con un fuerte control policial. A buen seguro que, sin Juegos, estas características también existirían; la preparación, sin embargo, ha permitido acelerar el proceso de definición y acentuar su carácter anti-social"[28]. (1992, p. 22)

Eventos sin discusión

La recepción de las dos adaptaciones de Manel Esteban será pareja. El telefilme es anunciado por TV3 como contenido estrella para ser emitido el 10 de septiembre 1986, víspera de la *Diada Nacional de Catalunya*, en TV3. Sin embargo, finalmente se estrena el 15 de octubre. Apenas dos días después, el 17 de octubre, Barcelona es elegida sede de los Juegos Olímpicos de 1992. Su trascendencia en los medios será escasa. En el diario *Avui* se destaca que "tiene unos objetivos comerciales más que acertados"[29] (Casas, 1986). En *El Periódico de Catalunya*, Ramón Miravitlles, en su columna de televisión, afirma que es: "el más Carvalho de todos los carvalhos *que es fan i es desfan*" (Miravitlles, 1986). Según Manel Esteban, Vázquez Montalbán quedó: "enormemente satisfecho con el aire que le da Tino Romero (a Pepe Carvalho)". El propio Esteban se mostraría muy orgulloso de su trabajo años después, calificado *Olímpicament mort* de: "una obra por la cual siento un especial cariño, porque se basó en el acercamiento y admiración al personaje literario"[30] ("Hem de treballar...", 2002).

En cuanto al largometraje *Els mars del Sud*, según los datos del ICAA, obtiene una recaudación de 47 866,17€ y apenas 23 665 espectadores. Una cifra realmente baja en la que puede haber influido la siempre problemática distribución en dos versiones, catalán y castellano. La película pasa tan inadvertida que apenas se hallan reacciones críticas, y las existentes no son especialmente amables. Así, por ejemplo, en *El Periódico de Catalunya* se alaba: "la aproximación más cartesiana y fiel al personaje original", aunque "el resultado dista mucho de ser conseguido", para concluir que tiene: "un interés ciertamente exiguo" (Casas, 1992). El diario *Avui*, por su parte, es algo más benigno: "Gustau Hernández y Manuel (sic) Esteban lo solucionan discretamente, manteniendo la coherencia, pero precipitando los hechos

---

28 En catalán en el original.
29 En catalán en el original.
30 En catalán en el original.

por delante de las psicologías, sin que ninguno de los intérpretes haga nada mal pero tampoco nada brillante que eleve la cinta"[31] (Subirana, 1992). El crítico concluye que posee un estilo demasiado televisivo. Para Comas (2010, p. 112): "No está a la altura de la obra original"[32].

Tanto *Olímpicament mort* como *Els mars del Sud*, pues, pasarán sin pena ni gloria. La fiebre olímpica no deja resquicio a la crítica. El 9 de agosto, los Juegos finalizan. Curiosamente, el narrador de la ceremonia de clausura es Constantino Romero, el Carvalho de *Olímpicament mort*, que pasa a la historia con su célebre "¡Atletas, bajen del escenario!", recriminando a unos deportistas que pretenden seguir de jarana. Barcelona era una fiesta. Y hasta el escéptico Pepe Carvalho iba a apuntarse a ella.

31 En catalán en el original.
32 En catalán en el original.

Capítulo 6: El detective en el centro de belleza. El 'Modelo Barcelona' y *Pepe Carvalho* (T5/RAI 2/ ARTE, 1999)

> *"Me ha dicho (Vázquez Montalbán) que es la primera vez que ve a sus personajes, Biscuter y Pepe, tratados con respeto en una serie de televisión"*. (Juanjo Puigcorbé, 1999)

> *"Convertirle (a Pepe Carvalho) en una figura cosmopolita, de decadente elegancia y porte aristocrático, ha sido una operación arriesgada que ha acabado por desnaturalizar al personaje por mucho que su autor haya bendecido públicamente esta arriesgada operación de cirugía estética"*.
> (Baget Herms en *La Vanguardia*, 2000b)

Las pocas exitosas adaptaciones de Manel Esteban no hacen mella en la fama de Pepe Carvalho ni en el interés de la industria audiovisual por el personaje. Cinco años después de *Els mars del Sud* tiene lugar la celebración, con mucha pompa y boato, del llamado "Año Carvalho", estrategia comercial orquestada por Editorial Planeta que celebra los 25 años de existencia del detective. Se lanza una reedición de sus novelas y un estuche conmemorativo que incluye una obra de teatro, *Antes de que el milenio nos separe*. La guinda la pone, ese mismo 1997, el Ajuntament de Barcelona, que otorga al personaje de Pepe Carvalho el Premi de la Ciutat de Barcelona a la Promoció de la Ciutat.

Coincidiendo con los fastos se llevan a cabo dos nuevos intentos de adaptación. El primero viene de Argentina. Siguiendo el método de trabajo empleado en *Las aventuras de Pepe Carvalho* u *Olímpicament mort*, Montalbán escribe los tratamientos de 14 episodios de una futura serie de televisión que, finalmente, no llega a producirse por desavenencias entre los coproductores, TVE y TVA. S.A (Televisión Argentina S.A.). Aunque en un

principio se anuncia a José Sacristán como Carvalho, y él es quien aparece
en el dossier de producción que se conserva en la Filmoteca de Catalunya,
será Juan Diego quien se desplace a Buenos Aires para grabar un piloto
que, finalmente, no será emitido. De esos tratamientos surgirá la novedad
editorial de ese celebratorio 1997, *Quinteto de Buenos Aires*. El segundo
proyecto tiene su origen en la cadena de televisión española Telecinco. Tras
dos años de preproducción, por fin ve la luz en 1999. Durante su gestación,
se produce la entrada de capital de otros dos países europeos, Francia e
Italia (a través de ARTE y RAI 2, respectivamente), lo que modifica considerablemente, en forma y fondo, la idea original[33]. Carvalho y todo lo que
le rodea va a ser actualizado y renovado: desde sus acompañantes hasta
los escenarios en los que vive y trabaja. El continente abre sus fronteras
a Pepe Carvalho, un hedonista detective al servicio de la Unión Europea.

Un *lifting* carvalhiano

El objetivo queda fijado en negro sobre blanco en las primeras páginas del
dossier de prensa francés de la serie: "rejuvenecer y modernizar al héroe"
(ARTE, 1999). Lo que no se cuenta es que esos dos verbos se conjugan de
manera diferente atendiendo a las diferentes necesidades de las tres cadenas
productoras[34].

En el caso de la española Telecinco, Pepe Carvalho es la excusa para salir
del encorsetamiento al que le han llevado el éxito de sus ficciones familia-
res, representadas por la popularísima *Médico de familia* (1995–1999).
Con la intención de cambiar la tendencia se producen tres series de género
policiaco: *El comisario*, *Petra Delicado* y la que nos ocupa, *Pepe Carvalho*.
Para RAI 2, por su parte, se trata de paliar el déficit de producción nacional

33 En un principio, los capítulos van a ser de 55 minutos. Los primeros trabajos se
realizarán bajo la tutela de Vázquez Montalbán y con su hijo Daniel Vázquez
Sellés y Pedro Temboury como guionistas. Con posterioridad, Vázquez Sellés desaparecerá del proyecto y la serie se transformará en media docena de telefilmes.
El productor ejecutivo de los episodios será Eduardo Campoy. Los productores
asociados serán Jérôme Minet por la parte francesa y Adriano Arie por la italiana.
34 Las cadenas se implicarán a través de diferentes productoras asociadas: Telecinco
a través de Cartel, el canal francogermano ARTE a través de Tanaïs y la italiana
RAI 2 a través de Solaris Cinematográfica.

que ha sufrido la industria trasalpina durante la década, en una operación similar a la que está ejecutando RAI con la adaptación de las aventuras de otro detective literario, primo hermano de Carvalho, como es *Il Commisario Montalbano*, de Andrea Camilleri.

Por último, para la cadena franco-alemana ARTE, Pepe Carvalho es una apuesta por modificar su imagen corporativa. El poder de ARTE en la producción es considerable, si tenemos en cuenta la atípica duración de los capítulos para los estándares italiano y español. Así, se pasa de los 70 minutos de rigor en la ficción española a los 90, en ocasiones llegando a los 100. Dicho formato se adapta mucho mejor al público francés, donde el género del telefilme siempre ha gozado de gran predicamento (Burch y Sellier, 2014). En los documentos de trabajo de la época se recoge que, para el espectador, ARTE "no se considera ni innovadora, ni instructiva, sino como una cadena que emite programas sobre la II Guerra Mundial, la sociología de la miseria, el paro y la violencia"[35] (Lévy y Sicard (2010, p. 115). Como Telecinco y RAI 2, ARTE, busca con *Pepe Carvalho* remozar su parrilla con una serie contemporánea, moderna y, al mismo tiempo, europea. Porque ya por entonces, Carvalho es un personaje célebre en las estanterías de todo el continente, siendo España, Italia y Francia los países en los que tiene un mayor predicamento. Del mismo modo que en Francia ha obtenido el Prix de Littérature Policière, en Italia se alza con el Premio Racalmare y el Premio Flaiano en 1994[36]. Su fama es tal en ambos países que dos antihéroes de su novela negra, como el marsellés Fabio Montale, creado por Jean-Claude Izzo y el siciliano Salvo Montalbano, de Andrea Camilleri, son bautizados como homenaje a Montalbán. No es de extrañar, pues, que en el dossier de prensa de ARTE se afirme que: "la serie *Pepe Carvalho* inventa un verdadero polar a la europea, moderno y sensual, político y humano" (ARTE, 1999).

La ambición va pareja a la fuerte apuesta económica de las cadenas. Se comunica que el precio de cada episodio rondará los 160 millones de pesetas (más de 960 000 euros). La parte española corre con el 40 % de los gastos, repartiéndose la francesa y la italiana un 30 % cada una (Clarós,

---

35 En francés en el original.
36 En un reportaje de *La Vanguardia* de 1997 se nos informa que Vázquez Montalbán es un autor "venerado" en Italia, donde sus novelas se publican en tiradas iniciales de más de 20 000 ejemplares. (Ayén, 1997, p. 49)

1998). El Institut Català del Cinema aportará un total de 250 millones de pesetas, 1 500 000 € (Saval, 2000)[37]. Los telefilmes llevarán el concepto de coproducción y su europeidad hasta sus últimas consecuencias, en una serie de decisiones netamente salomónicas y paradigmáticas del llamado *europudding*. Sus estrellas pertenecen al *star system* de los tres países y los seis telefilmes se reparten entre realizadores de los tres países de manera alícuota: los españoles Enrique Urbizu y Rafael Moleón dirigirán *El hermano pequeño* y *Tal como éramos*; el italiano Franco Giraldi, *Buscando a Sherezade* y *El delantero centro…*; y los franceses Merzak Allouache y Emmanuelle Cuau *La soledad del manager* y *Padre, patrón*. La estructura es ligeramente diferente a la de los capítulos de 1986: el caso se presenta sin la presencia de los protagonistas recurrentes antes de los títulos de crédito. Una vez estos llegan, los nombres del equipo artístico se solapan sobre un estilizado callejero, resaltando así el carácter urbano de las historias.

El rostro de este singular *lifting carvalhiano* será el de Juanjo Puigcorbé. Tiene 44 años cuando interpreta a un detective que, por entonces, frisa los 60 en su vida literaria. Este nuevo Carvalho siempre va impecablemente vestido con traje, y es tan coqueto con su ropa como con las mujeres que se cruzan en su camino, ante quienes nunca pierde oportunidad de flirtear, sin importarle edad, físico o condición. Tan hedonista como el Carvalho de Poncela de 1986, hace gala de una alegría crematística nunca vista, permitiéndose incluso vanagloriarse de que no necesita trabajar. Otra gran diferencia con el Pepe literario es su propensión a la reparación de las afrentas. Si el Carvalho novelesco rara vez toma partido, debido a la desconfianza del escritor en la justicia, el Carvalho de Puigcorbé no se priva de modificar la realidad. Así, obliga al miembro del Partido Socialista a sufragar la estancia del antiguo legionario amigo de Bromuro en la costosísima residencia geriátrica Millet Park en *El hermano pequeño*, o fuerza a los propietarios

---

37 Un último, inesperado y coyuntural actor intervendrá en la producción de *Pepe Carvalho*: Vía Digital, de la que Telecinco obtendrá ingresos extra en concepto de preventas. La producción se beneficia así de la llamada "guerra digital" que enfrenta a las plataformas satelitales Sogecable (propiedad del grupo PRISA) con Vía Digital (propiedad de Telefónica). Como quiera que Sogecable ha firmado acuerdos con las principales productoras y distribuidoras españolas, para Vía Digital supone una gran oportunidad de emitir contenido propio.

de un club de fútbol a mantener a la viuda de un jugador bajo amenaza de descubrir sus corruptelas en *El delantero centro*... En cuanto a la liturgia pirómana, es de lo más exquisito: en vez de quemar la obra completa, solo entrega al sacrificio de las llamas una única página de cada uno de los libros.

Junto a Pepe siempre se encontrará Charo, encarnada por la italiana Valeria Marini (Roma, 1967). En las antípodas de la que conocimos en la novela *Tatuaje*, nada sabemos sobre sus humildes orígenes, y su cabellera rubia y voluptuosidad no se corresponde con la fisonomía de la mujer de familia murciana y pelo oscuro que bosquejara Vázquez Montalbán. Ha abandonado la prostitución y ahora regenta un club nocturno, que responde al evocador y carvalhiano nombre de "Tatuaje"[38]. Elegida para el papel por su popularidad en Italia, a tenor de las declaraciones tanto de Manuel Vázquez Montalbán como del director del piloto, Enrique Urbizu, no parece que provocara gran algarabía entre los coproductores españoles (Angulo, 2002), ni entre una crítica que será especialmente cruel con su interpretación[39].

Por último, el trío de estrellas internacionales se completa con el francés Jean Benguigui (Orán, 1944), como nuevo Biscuter. Al igual que Charo, tendrá un papel mucho más protagonista en la resolución de los casos del que ha tenido con anterioridad, acompañando al detective en sus investigaciones. Bromuro será el veterano Walter Vidarte. Mitad lotero y mitad cigarrero, con algo de cuquero, nunca ejerce de limpiabotas, profesión que –según cuenta el director Merzak Allouache– se consideraba denigrante por el equipo español (ARTE, 1999).

Modelo Barcelona

Un Carvalho, pues, muy a la moda en franca consonancia con una ciudad igualmente estilosa. España, como presume el por entonces Presidente del

---

38 Dicho cambio, si hemos de creer las declaraciones de la actriz, fue sugerido por ella misma, aunque el coordinador de guiones, Pedro Molina Temboury, sostiene en entrevista personal que fue una exigencia de los productores en aras de racionalizar el presupuesto.

39 Una de las más duras aparecerá en *La Vanguardia*, que se refiere a su trabajo como: "una artista mediocre y mujer a sus pechos pegada". (Baget Herms, 2000a)

Gobierno, José María Aznar, "va bien"[40], pero Barcelona va mejor. En todo el mundo se pondera el *lifting* al que se ha sometido Barcelona con motivo de los Juegos Olímpicos y su capacidad para alargar sus efectos en el tiempo. Tan es así que hasta los urbanistas deciden bautizar su transformación como Modelo Barcelona, un modo de urbanismo que alcanza su cénit en el año de emisión de los telefilmes. Es en 1999 cuando le llueven los reconocimientos internacionales: el arquitecto Sir Richard Rogers va a loar la transformación de la ciudad en su obra *Towards an Urban Renaissance*, la agencia Mercer Consulting va a situar Barcelona como una de las cinco ciudades del mundo con mejor calidad de vida y, por encima de todo, la ciudad va a recibir la Medalla de Oro del Royal Institute of British Architects, prestigioso galardón nunca antes obtenido por un municipio (Romero Santos y Mejón, 2020b). En lo audiovisual, el colofón cinematográfico lo pondrá el estreno de la premiadísima *Todo sobre mi madre*, primera película de Pedro Almodóvar lejos de Madrid (Romero Santos y Mejón, 2020a). Y es que la publicidad por medios audiovisuales de la ciudad es una de las obsesiones del edil Ferran Mascarell, nuevo ideólogo de la política cultural del consistorio. En 1996, crea la Barcelona Plató Film Commission[41] para atraer rodajes a la ciudad: se convertirá en un factor determinante para publicitar una imagen exitosa del Modelo Barcelona y atraer lo que se ha denominado "turismo creativo" (Molina, 2018, p. 75). Su representación cinematográfica va a ser la de "la ciudad de los placeres reencontrados" (Aubert, 2019).

Normal que los realizadores estén embelesados con la modernidad de la urbe. A pesar de que el coordinador de guiones Pedro Molina Temboury realizó un dossier con las localizaciones barcelonesas en las que se mueve el personaje, los realizadores prefieren retratar aquellos lugares emblemáticos cuya reforma se ha producido durante el desarrollo del Modelo Barcelona. Son estampas, postales, de lo que Llàtzer Moix llamó "la Barcelona de los arquitectos"

---

40 Sobre el optimismo por el final de la década, ver Palacio y Rodríguez Ortega (2020). Según los autores, en 1999: "según todas las encuestas oficiales, fue la fecha en que los españoles han estado más confiados y satisfechos del sistema político nacido de la Transición" (p. 9).
41 Sobre el papel determinante de las *Film commissions*, ver el magnífico análisis de Ciller y Palacio (2016).

(1994). Barcelona ya no es la ciudad portuaria, industrial e industriosa de la primera adaptación de Bigas Luna. Ahora se ha convertido en un conjunto de escenarios susceptibles de ser fotografiados, en una ciudad de postal.

Y de todas las instantáneas, la más buscada es la de la memoria olímpica. Así, vemos el Estadi Olímpic Lluís Companys en dos episodios (*El delantero centro... y La soledad del manager*). Construido en 1929 con motivo de la Exposición Internacional de Barcelona bajo la dirección del arquitecto Pere Domènech i Roura, su remodelación a cargo de Vittorio Gregotti y Correa-Milà-Margarit-Buixadé fue uno de los grandes proyectos de 1992. Aunque no sea una instalación deportiva especialmente popular ni querida por los barceloneses, sí constituye la perfecta síntesis de la imagen que la ciudad pretende publicitar: tradicional y sin embargo moderna, un lugar de rico pasado que ha sabido conservar y potenciar con las nuevas tendencias.

Buscando a Sherezade se abre con una panorámica de 180 grados de la *plaça* Reial felizmente rehabilitada como plaza dura. El Instituto de Moda Fresange del que es alumna la desaparecida protagonista se sitúa en el flanco izquierdo del Centre d'Art Santa Mònica, rehabilitado por David y Albert Viaplana y que se inauguró en 1988. En *El hermano pequeño* veremos las chimeneas de FECSA en el Paral.lel, rehabilitación a cargo de Pere Riera y Josep Maria Gutiérrez (1995). Por supuesto, Carvalho se pasea, sin que lo exija el guion, feliz y despreocupado, por la inevitable La Rambla, pero también por el remozado frente marítimo, reconocible por sus farolas de diseño.

La modernidad de la ciudad va pareja a una economía terciaria, alejada de su naturaleza fabril setentera. Charo, esa Valeria Marini que tantas críticas recibe, es la que mejor expresa ese cambio de la ciudad: por su condición de emprendedora y por su adicción a las compras, que la convierte en la gran cliente de la ciudad de servicios, desempeño que puede llevar a cabo en un entorno en el que la conflictividad brilla por su ausencia. Los telefilmes ahondan en la imagen de Barcelona como "lugar solucionador de problemas" (Martínez-Expósito, 2015). *El hermano pequeño*, dirigida por Enrique Urbizu, es ejemplar en su retrato inocente del espacio urbano. Las calles del antiguo Barrio Chino, ya rebautizado como Raval, antaño transitadas por prostitutas y clientes, aparecen vacías y completamente higienizadas. Por sus aceras no queda rastro de aquellos obreros de la SEAT con los que departía el Carvalho de Bigas Luna en el lejano 1976, cuando el Modelo Barcelona daba sus primeros pasos. Todo el mundo es de clase media o media alta, y hasta las muchachas que se prostituyen para pagarse sus estudios tienen una casa en la playa (*El hermano pequeño*). La marginación parece quedar reducida a Bromuro, alienado más por su propia voluntad y demencia que por la actividad de los demás.

El oasis europeo

Un personaje rejuvenecido, una ciudad moderna... y unas tramas renovadas. Cada realizador adapta las historias de Carvalho a la situación política de sus países. La edad de Puigcorbé elimina de un plumazo su conflicto con el franquismo[42] o su participación en la Guerra Fría. Así, el traumático fin del "felipismo" y su corrupción aparecen en los episodios dirigidos por los españoles. En *El hermano pequeño*, de Enrique Urbizu, hay referencias a esa España "del pelotazo" y al sonado caso de nepotismo de Juan Guerra, que acaba con la vicepresidencia del temido Alfonso Guerra. En *Tal como éramos*, de Rafa Moleón, la trama versa entorno a un Delegado del Gobierno con un pasado de topo del franquismo, en la que no hay que ser muy avezado para ver ciertas concomitancias con la guerra sucia del Estado contra ETA. Recordemos que están muy presentes en la retina de los españoles la entrada en prisión en 1998 de los altos cargos Rafael Vera y José Barrionuevo condenados por detención ilegal y malversación de fondos reservados.

Los franceses, por su parte, también actualizan las tramas a los escándalos políticos de su país. Si en la novela *La soledad del manager*, la multinacional Petnay a la que pertenece el asesinado Andreu Jauma es la mano invisible tras el golpe de Estado contra Salvador Allende, en el guion de Gérard Carré se convierte en un conglomerado que trafica con armas con el régimen de Saddam Hussein. Y decimos trafica porque utiliza sus poderosos contactos en las altas instancias del gobierno francés para saltarse el embargo impuesto a los iraquíes. Emmanuelle Cuau utiliza al tirano

---

42 El productor español, Eduardo Campoy, lo justificaba con estas palabras: "Al adaptarla a nuestros días se ha despolitizado un poco el personaje de Carvalho, porque en las novelas había continuas referencias a la época franquista, que se han eliminado". (Clarós, 1998)

patriarca de *Padre, patrón*, un *pied noir* que tuvo que huir de Argelia tras la victoria del Frente de Liberación Nacional, como herramienta para sumarse a la crítica a la política colonialista francesa.

El realizador italiano Franco Giraldi traslada la corrupción ligada al mundo del fútbol de *El delantero centro*... de Barcelona a un ciudad transalpina[43]. Si en la novela, Vázquez Montalbán, esconde inútilmente el nombre del F.C. Barcelona y de su presidente, Josep Lluís Núñez, como elementos corruptos y corruptores, lo mismo puede decirse de un telefilme que tiene como obvia referencia a Silvio Berlusconi, por entonces presidente del A.C. Milán.

Acabamos con el último de los episodios italianos, *Buscando a Sherezade*, por ser el que más claramente condesa el optimismo europeo del Carvalho de 1999. El nuevo e ilusionante proyecto supranacional de la Unión Europea es un reflejo de su satisfecha personalidad. Carvalho se pasea con la misma soltura y confianza por La Rambla de Barcelona que por los Campos Elíseos de París o por el Paseo marítimo de Viareggio. El retrato de Europa se parece bastante al que parodiaba Vázquez Montalbán en 1986 en su novela *El balneario*: un club selecto, fuera del cual todo es barbarie.

Buscando a Sherezade expresa esta confianza en el futuro de la Unión. El relato que lo inspira permitía a Carvalho desplazarse a Marbella para denunciar el felipismo y "la cultura del pelotazo", del enriquecimiento rápido, especulativo e inmoral. En su primera adaptación, "El caso de la gogó-girl", de 1986, Adolfo Aristarain utilizaba el viaje –en este caso a la localidad francesa de Sète– para jugar con una de las constantes de la saga, como es el travestismo de los personajes, convirtiendo al propio Carvalho en travesti. En 1999, al director italiano Franco Giraldi le presta la excusa para viajar a la localidad toscana de Viareggio y denunciar la Guerra de los Balcanes. Su estancia coincide con una conferencia de paz sobre el conflicto, auspiciada por un senador estadounidense al que acompaña un turbio ex miembro de la CIA y antiguo colega de Carvalho cuando estaba en la organización. La versión catastrofista del mundo al otro lado de la Unión Europea la aporta el poeta exiliado en París, y que interpreta Omero Antonutti. El trauma de la nueva guerra en el continente europeo es expresado

---

43 Está rodada en Perugia y Sansepolcro.

con una socarronería que no puede evitar esconder una íntima amargura cuando se define con las siguientes palabras: "Me llamo Petar, Petar Grusic, ex. Ex yugoslavo, ex comunista, ex profesor... Estas dos letras definen a la perfección mi presente y mi futuro".

Si el capítulo da una imagen de Europa casi como un santuario, también desliza quién va a ser su mayor enemigo. Se palpa la tensión entre el proyecto supranacional que se pretende para el beneficio de los ciudadanos como es el de la Unión Europea y el de la globalización neoliberal descontrolada al servicio de las multinacionales. La globalización obedece a oscuros intereses militares, como se nos cuenta en *La soledad del manager*. En *El delantero centro...* no respeta ni lo más sagrado, los ídolos balompédicos populares; en *Padre, patrón*, los negocios transnacionales de Pelletier le han permitido explotar a los argelinos y hacerse millonario; en *Buscando a Sherezade*, el capital bancario ex yugoslavo vive su particular *dolce vita* tras conseguir evadir su fortuna durante la guerra civil...

Frente a esos poderes fácticos y ocultos en la sombra, frente al horror de la Guerra de los Balcanes y de la primera Guerra del Golfo, la izquierda bucea en su pasado buscando referentes con los que defenderse. Por lo menos así ocurre en el caso de los realizadores españoles. Enrique Urbizu se preocupa por mostrar la tumba del militante *cenetista* Buenaventura Durruti durante el entierro de *El hermano pequeño*. Durruti es recuperado en aquellos años como figura icónica. La razón de su popularidad es achacable, por un lado, al centenario de su nacimiento en 1996 y, por otro, a la reedición de *El corto verano de la anarquía*. *Vida y muerte de Durruti*, de uno de los intelectuales más reputados del continente europeo del momento como es Hans Magnus Enzensberger. Su mezcla de ficción y reportaje fue editada en 1977 por Grijalbo, y por Anagrama en 1998. Poco después de la serie, Durruti será objeto de un documental de Jean-Louis Comolli en colaboración con el grupo teatral catalán Els Joglars (*Buenaventura Durruti, anarquista*, 1999), en una coproducción, de nuevo, de ARTE, pero esta vez con TVE.

En *Tal como éramos*, Rafa Moleón recurre a una figura mucho más popular como la de Ernesto Che Guevara. En 1997 se celebra el 30 aniversario de su muerte. Para conmemorarlo, el 8 de octubre se celebra un concierto en Buenos Aires, en el Estadio de Ferro, con las actuaciones de, entre otros, Chico Buarque, Luis Eduardo Aute o Silvio Rodríguez. La efeméride también llega a las librerías. Un buen amigo de Vázquez Montalbán, compañero de mesa y mantel en la Semana Negra de Gijón como es Paco Ignacio Taibo II publica *Ernesto Guevara, también conocido como el Che* (1996); Jorge Castañeda, *La vida en rojo: una biografía del Che Guevara*; Pierre Kalfon, *Che Ernesto Guevara. Una leyenda de nuestro siglo* (1997) con prólogo, una vez más, del inefable Manuel Vázquez Montalbán. La editorial Txalaparta, de catálogo *abertzale*, edita las obras *Textos revolucionarios* y *Pasajes de la guerra*. Aunque no centrado en el líder argentino, Montalbán sí que se aproxima a la revolución cubana y a Fidel Castro con su *Y Dios entró en La Habana* (1998). En *Geopolítica del caos*, escribe a propósito del líder revolucionario:

> "Como una pesadilla para el pensamiento único, para el mercado único, para la verdad única, para el gendarme único, emerge de nuevo el Che como sistema de señales de la insumisión, una provocación para los semiólogos y para la Santa Inquisición del integrismo neoliberal". (1999, p. 14)

No es de extrañar, por lo tanto, que El Che sea el auténtico protagonista en la sombra del capítulo *Tal como éramos*. Cierto es que el consabido y archirreproducido retrato de El Che de Alberto Korda ya había aparecido en "La curva de la muerte", episodio de la serie de Adolfo Aristarain en 1986, decorando la habitación de Dolores, la hija de Pepe Carvalho. Sin embargo, en ese momento parece simbolizar más, por un lado, la rebeldía juvenil y, por otro, el mismo fracaso de las utopías izquierdistas de Carvalho, Muriel y su marido. En *Tal como éramos*, el significado es bien distinto. La reproducción de la instantánea tomada por Korda va a ser omnipresente en todos los ambientes que atraviesa Carvalho. En la mesa del antiguo dormitorio de Tania, la hija del Conde de Sinarcas, miembro de una célula revolucionaria, descansa el libro *Che Guevara. Aventura o revolución*, de Horacio Daniel Rodríguez, editado por Plaza y Janés en 1968; el cura Clemente, que ha ejercido su ministerio en Argentina, Chile y Bolivia, tiene una pasión que casi roza lo sacrílego por el revolucionario, ya que en el albergue para sintecho que dirige hay una serigrafía warholiana del Che, con la célebre foto realizada por Alberto Korda en la que el guerrillero mira desafiante con una boina calada y que también aparece en otra dependencia, en esta ocasión en un nuevo poster, en rojo y negro; hasta tal punto llega su devoción por Guevara que incluso regalará otra serigrafía warholiana a Charo para que con ella decore la barra de su local, el Club Tatuaje. Su asociación con el religioso convierte al Che en prácticamente una figura santificada. El Che se convierte en un vínculo cultural entre las revoluciones del 68 que no pudieron ser y las del 99 que, quién sabe, tal vez serán.

La recepción de los telefilmes, dado el presupuesto y la cantidad de recursos movilizados, fue ciertamente pobre en España e Italia. De hecho, Telecinco no se muestra muy confiada en el producto, y decide emitir un primer telefilme (*El hermano pequeño*), en una fecha tan poco dada a grandes estrenos como es un 28 de junio, es de suponer que para valorar su atractivo entre el público. La audiencia media fue del 14,6 % y 1 283 000 espectadores, cuando el share medio de la cadena era del 21,7 % ("Tele 5 emite hoy...", 2000). A la poca entusiasta respuesta del público pudo contribuir el que fuera una producción para mayores de 18 años, teniendo en cuenta que Telecinco se asociaba principalmente con series de corte familiar que eran la marca de la casa de Globomedia. Tampoco es despreciable su formato de telefilme, que obliga a que los capítulos tuvieran una duración de alrededor de 90 minutos. No es un aspecto menor, si tenemos en cuenta que la media de duración de un capítulo de *prime time* en España era de 70 minutos, frente a los 50 en el resto de Europa, a lo que había que añadirle los cortes de publicidad. Una peculiaridad de la producción española que solo en los últimos tiempos se ha ido modificando.

Tras estas cifras, el siguiente intento, ya con la emisión semanal y consecutiva de todos los telefilmes, se produjo el 20 de febrero. Dada su calificación para mayores de 18 años, el canal decide mover la serie al *late night*, donde se emite sin apenas repercusión y terminando a altas horas de la noche. Caso distinto es el francés. Para el canal ARTE, la serie sí que supuso un éxito. Obtuvo en 1999 un share del 3 %, y en su reemisión en 2002 lo duplicó hasta el 6 % (Lévy y Sicard, 2010, p. 117).

La cirugía a la que se sometió al personaje tampoco fue del agrado de buena parte de la crítica. Muchos de los peros se centran en la caracterización de Carvalho. Así, en *La Vanguardia* leemos: "Ahora se nos presenta como una especie de dandi crápula y decadente, un punto macarra, que parece trabajar por afición" (Baget Herms, 2000a). Opinión que compartía el diario francés *Libération*: "el guapo Pepe exhibe sus trajes chics y su

domicilio en un barrio chachi. Es más un "señorito"[44] que busca encana-
llarse que un ex policía, ex agente de la CIA ex marxista, desgajado entre
el idealismo y la voluntad de sobrevivir"[45] (Waintrop, 1999).

El proceso de rejuvenecimiento de la media docena de filmes que confor-
man *Pepe Carvalho* tiene efectos que van más allá de la epidermis del protagonista. El personaje que había nacido como una parodia de James Bond
se hace con muchos de sus atributos: la seducción, la elegancia, la ironía, la
acción y, en último término, la identidad (supra)nacional. El Carvalho de
Juanjo Puigcorbé alcanza el cénit de europeidad como representante de una
Barcelona y una España orgullosas de su cosmopolitismo y su capacidad
para formar parte esencial del proyecto continental. Es el preámbulo a una
última y mucho más sombría adaptación.

---

44 En español en el original.
45 En francés en el original.

Capítulo 7: La (pen)última mutación: el pesimista catalán. *Pepe Carvalho II* (2003–2005, TV3/ TVG/ARTE)

> *"En las novelas de Montalbán, el lector conoce el nombre del asesino desde las primeras páginas. Todo el interés del libro reside en la explicación de sus motivos. Huelga decir que es algo difícilmente exportable al cine o la televisión".* (Rafael Moleón, 2004)

El 18 de octubre de 2003 llega a las redacciones la noticia del fallecimiento de Manuel Vázquez Montalbán. Paro cardíaco. Sucede lejos, muy lejos, en el aeropuerto de Bangkok, ciudad en la que se desarrolla una de las tres historias que componen el volumen *Los pájaros de Bangkok*. Con el estajanovismo del que hizo gala durante toda su carrera profesional, Montalbán ha acudido a dar una serie de conferencias a distintas universidades australianas para, de paso, documentarse en la escritura de la aventura final de Pepe Carvalho, *Milenio*. La noticia coincide con la producción de una nueva tanda de telefilmes, la última hasta la fecha, que buscan reubicar al personaje desde un punto de vista local. Pepe Carvalho, que en 1999 se ha convertido en un detective europeo, muda nuevamente de piel y se transforma en un detective catalán. O, dicho más enfáticamente, en "un héroe catalán" (Palacio y Cascajosa, 2012). Carvalho, el antihéroe charnego, cambia su lengua. Pero también muchos otros atributos. Lejos de la suntuosidad que le rodea en su anterior aparición televisiva, también sufre, junto a sus vecinos, los rigores económicos del cambio de milenio, de una globalización que no beneficia a todos por igual y, sobre todo, de un Modelo Barcelona que pese al duradero boom inmobiliario, algunos empiezan a considerar que ha entrado en crisis.

Francia acude al rescate

La posibilidad de hacer una segunda tanda de telefilmes se plantea en el seno de ARTE desde el mismo momento en el que se emite el último capítulo en 1999. Así queda registrado en la prensa francesa de la época, que señala que ARTE parece haber dado con ese ansiado filón de modernidad que busca con el fin de atraer a nuevos espectadores. Las emisiones de *Pepe Carvalho* doblan la audiencia media de la cadena, por lo que una nueva producción parece inevitable. Ya en abril de 1999 se trabaja en dicha continuación. Sin embargo, ni los coproductores italianos ni los españoles comparten el entusiasmo francés, debido a los pobres resultados obtenidos en sus respectivas emisiones. El proyecto no cristaliza hasta la entrada de la cadena autonómica TV3. Si los anteriores telefilmes se habían publicitado como una "coproducción europea", en esta ocasión, el productor ejecutivo por parte de ARTE, Jérôme Minet, nos dirá que se trata de una producción "franco-catalana" (ARTE, 2004).

En un primer momento se planifican casi una decena de nuevas *TV movies*; en 2001, la cifra ha descendido a cinco; más tarde se anuncia que serán tres; en la presentación de la primera, *Cita mortal a l'Up and Down*, Puigcorbé anuncia que quizás se extiendan a seis (Navarrete, 2003, p. 25); finalmente, se ruedan cuatro. Tres de ellas son adaptaciones de novelas (*El premio, Los mares del Sur, La rosa de Alejandría*), y una de un relato corto (*Cita mortal a l'Up and Down*). Se sigue el mismo proceso que con los telefilmes de 1999 y, para asegurar la continuidad con los seis telefilmes anteriores, de nuevo ejerce como coordinador de guiones Pedro Molina Temboury, que ha trabajado en sucesivas versiones desde 1999. También repiten Juanjo Puigcorbé y Jean Benguigui como Pepe Carvalho y Biscuter. Se incorporan la portuguesa Carla Maciel como Charo y Pep Cortés como Bromuro. Rafa Moleón, director de *Tal como éramos* en 1999, repite con *La rosa d'Alexandria*. Los otros tres realizadores serán franceses: Laurent Jaoui se ocupa de *Cita mortal a l'Up and Down*, haciendo las veces de Enrique Urbizu en *El hermano pequeño* en la anterior entrega y creando los espacios en los que se moverá el personaje; Fabrice Cazeneuve se encarga de *El premi*; finalmente, Philippe Venault realizará una segunda versión de

Els mars del Sud, tras la llevada a cabo por Manel Esteban en 1992[46]. Todo parece lo mismo y, sin embargo, todo es diferente.

Existe una cierta contradicción en la implación de TV3 en el proyecto. A fin de cuentas, la cadena autonómica depende de la Generalitat y es *vox populi* la falta de sintonía y la poca estima que se tienen el Govern y su *president*, Jordi Pujol, y Manuel Vázquez Montalbán. Sin embargo, Minet y el productor catalán, Joan Antoni González, presidente del ICC (Institut Català del Cinema) maniobrarán con habilidad para aprovechar la coyuntura política. En 2003, el mismo año del estreno del primer telefilme, *Cita mortal a l'Up and Down*, la Generalitat publica la hoja de ruta del nuevo organismo regulador y aglutinador de las industrias culturales, el ICIC (Institut Català de les Indústries Culturals), titulada *Llibre blanc de les indústries culturals de Catalunya* (Bonet et al, 2002). En lo que se refiere a nuestro objeto de estudio, se insistía en el gran desarrollo que se esperaba de la industria audiovisual y de la necesidad, dada las dificultades financieras de un mercado tan pequeño como el catalán, de buscar alianzas en forma de coproducciones. En concreto, el informe trazaba una clara oposición entre la debilidad de la industria audiovisual catalana frente a la editorial, motivo por el cual se sugería que debían buscarse sinergias entre una y otra. Los telefilmes producidos en 2003 parecen seguir al dedillo las recomendaciones de los expertos: coproducción entre Cataluña, Galicia y Francia, basada en un personaje popular de la literatura reconocido internacionalmente y de ventas millonarias. Con un añadido: Editorial Planeta tiene preparado, para 2004, el lanzamiento de las novelas de Carvalho traducidas al catalán. Parece normal, pues, que dos de ellas *Els mars del Sud* y *El premi*, sean parte de las seleccionadas para ser adaptadas[47].

En el *Llibre blanc* también se hace evidente que, aunque se haya avanzado mucho en la normalización lingüística, algunos aspectos siguen siendo un terreno vedado para la cultura en catalán. Uno de ellos, tal vez el más

---

46 No sin cierto asombro del lector, Venault reconoce en el dossier de prensa de ARTE (2004) que: "me han llamado en el último momento" y que "no conocía ni la obra ni el proyecto".

47 En 2003 se da la paradoja de que las dos novelas en catalán más vendidas son traducción del castellano: *La sombra del viento*, de Carlos Ruiz Zafón y *Soldados de Salamina*, de Javier Cercas.

importante debido a su peso en los consumos sociales, es el del audiovisual y, muy especialmente, el del cine. La Generalitat de Catalunya ha intentado, sin éxito, conseguir que las grandes multinacionales estadounidenses, las conocidas como *majors*, doblen sus películas al catalán en vez del castellano. De hecho, según el decreto 237/1998 publicado el 8 de septiembre, están obligadas a hacerlo desde marzo del 2009. El decreto quedará sepultado por los recursos de las distribuidoras. Las empresas se niegan al doblaje en catalán, a pesar de las cuantiosas sumas de dinero que el Govern ha destinado a subvencionarlo. Una decisión, además, que escandaliza a unos profesionales del sector que ven como los recursos de la Conselleria de Cultura se destinan a una actividad vilipendiada por los cinéfilos, siempre partidarios de la versión original. Se aduce que se debe a un problema de falta de hábito por parte de los espectadores. Las películas en catalán tampoco tienen una gran taquilla. En publicaciones como el *Llibre blanc*, se cifra en un pírrico 2,4 % la asistencia al cine original o doblado en catalán (2003, p. 300). Para Jordi Vilajoana, consejero de cultura, el motivo del rechazo del público está claro, tal y como evidencia en unas declaraciones en el marco del Festival de Venecia que producirán un profundo malestar en el sector: las actrices catalanas no tienen glamour y Catalunya carece de un *star-system* propio que permita el normal desarrollo de una industria audiovisual fuerte (Comas, 2010, p. 217), opinión que comparte el President de la Generalitat, Jordi Pujol (Guimerà i Orts, 2014, p. 447).

Perdida la batalla del cine, la Generalitat se muestra convencida de que la manera de generar una industria audiovisual pasa necesariamente por TV3. Desde su nacimiento, la cadena ha hecho una decidida apuesta por los telefilmes, género muy popular en Francia pero no tanto en España. Para TV3, es un elemento estratégico en la dinamización del tejido audiovisual catalán. La Ley 22/1999 aprobada por el Partido Popular de José María Aznar va a permitir redoblar la apuesta. Según esta nueva legislación, las cadenas públicas deben reinvertir el 5 % de sus beneficios en producción cinematográfica. Ahora bien, dentro de esa producción, tal y como exigía la patronal de las televisiones privadas, UTECA (Unión de Televisiones Comerciales Asociadas), se incluyen los telefilmes. La medida va a animar al resto de cadenas integrantes de la FORTA (Federación de Organismos de Radio y Televisión Autonómicos), a intentar reproducir el éxito de TV3 y, a la propia TV3, a aumentar su producción.

La apuesta de la Generalitat por los telefilmes se plasma en el año 2002, en el que sería conocido en la prensa como *Pacte d'Estat per la Ficció*. TVC alcanza un acuerdo con las dos principales asociaciones de productores catalanes, la PAC (Productors Audiovisuals de Catalunya) y la BA (Barcelona Audiovisual). Se compromete a la filmación de hasta 36 *TV movies* por año. Una decisión que se ve respaldada financieramente por las ayudas del ICIC al audiovisual, que con 9 970 000 euros serán un 60,8 % superiores a las de 2002 (Comas, 2010, p. 257), y que se destinarán en un 50 % a la televisión. En este plan están incluidos unos telefilmes como los de Pepe Carvalho de 2003 que, en virtud de su condición de coproducción con ARTE, tenían asegurada su emisión internacional, uno de los objetivos fundamentales de la política de la Generalitat. Con todo, el presupuesto será sensiblemente inferior, con unos 100 millones de pesetas por telefilme, unos 600 000€ frente a los 160 (960 000€) de los telefilmes anteriores. Hemos de tener en cuenta que han pasado cinco años y la inflación ha disparado los costes de producción considerablemente. Puigcorbé no se muestra precisamente entusiasta con los tiempos de rodaje: "Teníamos cuatro semanas para cada telefilme. Un verdadero reto. Más aun con la cantidad de decorados y localizaciones de cada uno" (ARTE, 2004). Las cuatro adaptaciones se emitirán entre 2003 y 2005 dentro del espacio semanal *Estrenes de TV3*, dedicado a los telefilmes de producción propia.

Barcelona: del Modelo a la Marca

La Ciudad Condal vive al margen de los acuerdos entre la Generalitat y el audiovisual. Superados los fastos olímpicos, empieza a formarse una corriente crítica con respecto al desarrollo urbanístico de la ciudad. Para algunos urbanistas, antropólogos culturales y filósofos, ya no se puede seguir hablando de un "Modelo Barcelona" (Montaner, 2011; Borja, 2010), pues la base del mismo, la colaboración entre ciudadanos e instituciones, se ha desequilibrado por el poder de la iniciativa privada. Es entonces cuando se empieza a hablar despectivamente de la "Marca Barcelona". El Ajuntament introduce el turismo como factor económico determinante de la ciudad (García, 2008, p. 98), convirtiendo el municipio no solo en una ciudad de ciudadanos, sino también de "visitantes". La filósofa Marina Garcés ha expresado así la transformación que se inició en 1996:

"Escaparate, supermercado, cárcel... aun no podíamos imaginar lo que estaba por llegar, en qué se convertiría la ciudad bajo la presión del turismo, con el control de la normativa cívica, tras la represión de la Ley Mordaza y en medio de la destrucción de la crisis. Pero ya entonces era una ciudad donde costaba cada vez más respirar". (Garcés, 2018, p. 20)

La fórmula que encuentra el consistorio barcelonés, todavía bajo el mando del PSC, para alargar las bondades de la transformación olímpica, es un nuevo macroevento a celebrar en 2004 llamado Fòrum Universal de les Cultures. El Fòrum se plantea como un lugar de debate, avalado por la UNESCO, acerca de la diversidad cultural, el desarrollo sostenible y la paz mundial. Se celebra durante 141 días, y es un fracaso considerable. Ya desde su inauguración, la gran atracción, los 8 000 guerreros de terracota de Xian, está a punto de irse al traste por goteras en el edificio que los alberga. Hoy puede verse como una metáfora desde hasta qué punto el Modelo Barcelona se había agrietado y hacía aguas. Las críticas son muchas y variadas y permiten la vertebración de una oposición ciudadana. Los barceloneses entienden que se trata de un proyecto realizado para el enriquecimiento privado, la publicidad de sus poderosos patrocinadores y la especulación inmobiliaria[48]. Muy polémico es, por ejemplo, el patrocinio del evento por parte de multinacionales implicadas en la Guerra de Irak como Indra, o el elevado dispendio en la construcción del llamado "recinto Fòrum". El acontecimiento cristaliza la desafección política de un sector de la sociedad que se considera marginado y ajeno a la transformación olímpica. Ya ha dado muestras de la oposición en 1996 con el violento desalojo del Cine Princesa de Barcelona, situado en Via Laietana y que ha sido *okupado* en marzo de 1995 tras 20 años de abandono. La filósofa Marina Garcés, que participó en su defensa, recuerda así la impresión que le causó la espectacularidad del desalojo y el debate surgido a raíz del mismo: "La ciudad no se había terminado de creer el éxito olímpico. Barcelona era una ciudad que empezaba a sufrir la especulación y la precariedad, aún impronunciables" (Garcés, 2018, p. 20). Se multiplican las protestas: contra la intervención militar de EE

---

48 Dicha especulación, que se reproduce con más o menos intensidad en toda la costa mediterránea también será retratada en películas como *La caja 507*, de Enrique Urbizu (2002), tal y como señala Rodríguez Ortega (2018).

UU y sus aliados en la llamada Operación Libertad Iraquí o Segunda Guerra del Golfo, o con motivo de la reunión del Banco Mundial en la Ciudad Condal en 2001. Manifestaciones que conectan con un cierto malestar mundial, que será bautizado como antiglobalización o alter-mundialización.

Paradójicamente, el aumento del descontento ciudadano es directamente proporcional al prestigio institucional. El 7 de junio de 2001, Joan Clos, el alcalde de la ciudad, interviene como máximo representante de las organizaciones municipales frente a la Asamblea de las Naciones Unidas. Es el primer alcalde mundial en detentar semejante honor. Esta bipolaridad se extenderá a las representaciones audiovisuales de la ciudad. Siguiendo la estela de Pedro Almodóvar y su celebérrima *Todo sobre mi madre* (1999), directores de todo el mundo ruedan en las calles de Barcelona películas que colaboran en aportar una imagen estetizante. Obras como *Tardes con Gaudí (Susan Seidelman, 2001), Una casa de locos (Cédric Klapisch, 2001),* o *Manuale d'amore 2 (Giovanni Veronesi, 2007).* Entre los realizadores locales, sin embargo, se impone una visión mucho más pesimista. *En construcción* (José Luis Guerín, 2001) se convierte en un pequeño fenómeno y abre el camino para documentales que denuncian las consecuencias que el Modelo Barcelona ha supuesto en la vida de las personas, con especial predilección por el "documental de creación", del que pueden ser buenos ejemplos filmes como *El taxista ful* (Jo Sol, 2004), *De niños* (Joaquim Jordà, 2003), *El sastre* (Óscar Perez, 2007) o *Can Tunis* (José González Morandi, 2007)[49].

Ya sea por huir de las críticas de la anterior adaptación, por adecuar el personaje al anunciado fin que ha decidido darle su autor, o por disponer de un presupuesto sensiblemente inferior, será con este último tipo de representación urbana con quien se alineen las nuevas *TV movies* de Pepe Carvalho. El detective se convierte en un ejemplo de esos ciudadanos que: "se sienten excluidos del nuevo modelo de ciudad" (García, 2008, p. 99). Una exclusión literal si nos atenemos al tratamiento del espacio y

---

49 Cerdán y Fernández-Labayen han investigado dichas manifestaciones del documental en sendos trabajos publicados en 2013 y 2015.

la desubicación del personaje. El despacho del detective ya no está en los alrededores de La Rambla, sino en el barrio de La Ribera, aunque no se nos informe de ello. De hecho, se intenta reproducir la localización de la *plaça* Reial y del Barrio Chino con la utilización de las arcadas del *passeig* Lluís Companys, frente a la Ciutadella, y sus alrededores, el dédalo de callejuelas que rodean a la *plaça* de Sant Pere. Según el dossier de prensa, la responsabilidad de elegir las localizaciones y espacios recurrentes fue del director Laurent Jaoui, director de *Cita mortal a l'Up and Down*. Según confiesa el productor de los telefilmes, Joan Antoni González Serret, en entrevista personal (2018), el cambio de ubicación se produce por razones logísticas, al ser imposible aparcar los camiones de producción en La Rambla. El éxito de Barcelona, del Modelo Barcelona, es de tal calibre que rodar en el centro se ha convertido en imposible para los propios barceloneses.

Apenas si reconocemos algunos lugares de Barcelona: la Ronda Sant Antoni en *La rosa d'Alexandria*, la *avinguda* del Tibidabo en *Cita mortal a l'Up and Down*... Carvalho se encuentra, pues, descontextualizado, en unas calles que no reconocemos ni nosotros ni el personaje. La falta de referencias espaciales se debe, también, a que buena parte de los telefilmes no se ruedan en la ciudad de Barcelona. Se emplean las instalaciones del bautizado como Parc Audiovisual de Catalunya, sito en la localidad de Terrassa. Artur Mas, Conseller en Cap y delfín de Jordi Pujol, ya había fantaseado durante el cambio de siglo con la posibilidad de crear unos estudios cinematográficos en la montaña de Montjuïc, siguiendo la estela de los míticos Estudios Orphea, consumidos por el fuego en 1962. Se consideraba que esta infraestructura era fundamental para atraer rodajes a Catalunya. Es el momento en el que la Comunidad de Madrid lanza el proyecto de la Ciudad de la Imagen y Roma intenta recuperar Cinecittà. Finalmente, se decidirá crear dichas instalaciones en la localidad de Terrassa. Serán 5 000 metros cuadrados financiados por el Ajuntament de la población y el ICIC. La joya de la corona será el abandonado Hospital del Tòrax, donde se levantará el plató del exitoso programa *Operación Triunfo* y a cuyas ruinas sacará un gran provecho la productora Filmax como escenario de sus películas de terror. En *Cita mortal a l'Up and Down*, el Hospital del Tòrax se va a convertir en la cárcel Modelo, pero también en el conflictivo barrio en el que se producen los intercambios sexuales entre Alan y el funcionario de prisiones Orantes, o en el lugar al que acuden los chicos de clase alta a comprar estupefacientes.

A este desplazamiento de Carvalho se une el deterioro físico y económico del personaje. Puigcorbé luce una barriga que no tenía en la anterior entrega. Si, en 1999, se remarcaba su juventud, en este caso nos encontramos con un Carvalho obsesionado con el paso del tiempo: de su edad se burlan los delincuentes juveniles de *Cita mortal a l'Up and Down* y lo efímero de la vida es una constante en sus conversaciones con Biscuter. Puigcorbé se definirá como un Carvalho "más sobrio, introvertido y cuidado" (Fernández, 2003). La alegría crematística que mostraba en su anterior adaptación es sustituida por la preocupación constante por el dinero. Es un cambio sustancial en la caracterización del personaje que sorprende al espectador desde su primera aparición, cuando Carvalho carece del efectivo suficiente para adquirir unas trufas en La Boqueria. Biscuter se convierte en el Pepito Grillo de la falta de liquidez del antaño derrochador detective, constantemente recordando la falta de presupuesto o las dificultades para abonar los diferentes recibos que aparecen en el buzón.

Si se insiste en la precarización de la vida del investigador, otro tanto sucede con la de sus clientes y vecinos que, o bien sufren la falta de poder adquisitivo o bien habitan directamente en la marginalidad. Mariquita, prima de Charo que le ruega que investigue la muerte de su hermana en *La rosa d'Alexandria*, se gana la vida haciendo tareas del hogar, con lo que mantiene a su hijo, ya que su marido lleva cinco años en paro, motivo por el cual ha caído en el alcoholismo. El hijo de ambos solo puede soñar con ir a la universidad gracias al trabajo de un oscuro benefactor, Narcís, del que descubriremos que, en el fondo, está movido por una parafilia voyeurística y no por la filantropía. En *Cita mortal a l'Up and Down*, nos adentraremos en el universo de los chaperos y los presidiarios. En esta ocasión, la clienta de Carvalho es una amiga de Bromuro que vive en la indigencia.

De entre todos los colectivos, sin duda el que se encuentra en una situación más preocupante es el de los nuevos inmigrantes, alejados de aquellos que provenían del resto de España en las anteriores adaptaciones. Son los llamados "inmigrantes ilegales extracomunitarios" que protagonizan *Els mars del Sud*. La vecina de Carvalho en Bellvitge, la señora Zarzar, de origen magrebí, vive sola y debe sacar a adelante a sus cuatro hijos. Tiene serios problemas para pagar el alquiler y su casero intenta desahuciarla. Unos inmigrantes ilegales se encierran en la parroquia de Bellvitge reclamando la regularización de su situación. Otros *okupan* unos apartamentos abandonados de donde cuelgan pancartas reivindicativas en las que se puede leer "Papeles para todos". Ambas acciones, inexistentes en la novela, recrean las realizadas en 1996 en la iglesia de Saint-Denis, célebres por la participación de la actriz Emmanuelle Béart, pero también las sucedidas en Barcelona y su Catedral en 2001.

A finales del año 2000, el gobierno de José María Aznar aprueba la conocida como Ley de Extranjería (Ley Orgánica 8/2000), que será objeto de numerosas protestas que cristalizan en enero de 2001. A los ya citados encierros en parroquias de enero de 2001 se suceden las huelgas de hambre y una acampada en la céntrica *plaça* Catalunya en 2002. La consecuencia fue la visibilización de los migrantes sin papeles, que constituyeron "una nueva identidad política colectiva" (Varela, 2005). Las protestas demuestran, además, que Barcelona no está preparada para recibir a la inmigración extracomunitaria, y tiene que ser el voluntariado el que les proporcione alojamiento. En este sentido, en *Els mars del Sud*, Layla, la amante de Stuart Pedrell, ya no es una sindicalista de SEAT como en la novela original o una trabajadora de Mercabarna como en la primera adaptación de 1992: ahora se trata de una activista por los derechos de los inmigrantes, a los que protege en una casa okupa de la que pretende expulsarlos un grupúsculo de ultraderecha financiado por un especulador inmobiliario.

Ante un panorama tan sombrío, solo dos cuerpos de funcionarios públicos sirven de ayuda a los ciudadanos. No parece casual que ambos sean los Mossos d'Esquadra (la policía autonómica), y la Sanidad, cuyas competencias están traspasadas a la Generalitat. El escudo del gobierno autonómico, la *cuatribarrada*, va a estar omnipresente en los espacios que recorre Carvalho. Especialmente llamativa será la relación del detective con las fuerzas del orden. Si hasta la fecha siempre ha destacado por su conflictividad, ahora lo vamos a ver de lo más relajado en las dependencias policiales de los Mossos d'Esquadra. Tan fluidas son las relaciones entre Carvalho y la policía que en tres de los cuatro telefilmes colabora con los agentes para resolver los casos. Ocurre en *La rosa d'Alexandria*, en *El premi* y en *Cita mortal a l'Up and Down*. En este último telefilme, incluso ayudará a resolver el asesinato de un funcionario infiltrándose como preso en la cárcel Modelo con la ayuda del Inspector Contreras. Estas colaboraciones no dejan de tener su gracia, si tenemos en cuenta la carga de ironía de la novela del año 2000, *El hombre de mi vida*, en la que Vázquez Montalbán satirizaba la labor de una Generalitat que intentaba reclutar a Pepe –por supuesto, sin éxito–, para sus servicios secretos. En cuando a la Sanidad, los personajes que necesiten visitarla en las *TV movies*, como Biscuter tras recibir un navajazo o Layla para dar a luz, disfrutarán de unas instalaciones sorprendentemente modernas y diáfanas.

La guinda a la "catalanización" de Carvalho, y lo más llamativo de esta última adaptación de Pepe Carvalho tiene que ver con el lenguaje, pues están rodadas íntegramente en catalán. Algo de lo que se siente especialmente orgulloso el productor catalán, Joan Antoni González pues: "es un hecho poco habitual cuando eres socio minoritario" (Fernández, 2003). Si en los telefilmes de 1999, Pepe había recuperado el castellano y abandonado el bilingüismo, en este caso dejará de lado el castellano para pasarse al catalán. El idioma en el que habla Pepe no es ni menos una cuestión menor y, de hecho, fue objeto de polémica. Así, Joan Ramon Resina escribió que: "Son casi siempre catalanes los que se ocultan detrás de las bambalinas del crimen y abandonan el trabajo sucio a unos pobres comparsas" (1997, p. 95). Idea que desagradó a Montalbán (2001, p. 188) que la refutó con posterioridad:

> "Puedo oponer que tengo una colección completa de malos en Madrid (*Asesinato en el Comité Central* o *El premio*) o en Castilla-La Mancha (*La rosa de Alejandría*), pero es lógico que en el marco dialéctico de la serie Carvalho el poseedor del dinero y del poder suele tener todos los números para ser *el malo*, sea catalán o tailandés y desde una perspectiva objetivizadora, no hay clase más perversa, en Cataluña y en el universo, que aquella que vertebra el *establishment* de acuerdo con sus intereses exclusivos, apátrida y antihumana, capaz de destruir vidas e incluso la vida para que no decaiga su capacidad de acumulación".

Aunque la utilización de la lengua propia es una característica obvia de las producciones de los canales autonómicos, tal y como la describe Castelló (2004), en el caso que nos ocupa, el tema de la lengua afecta de una manera esencial a la naturaleza del personaje. No en vano, uno de los grandes atributos de Pepe Carvalho es su condición de charnego, que le permite moverse y conocer claves culturales de distintos grupos sociales. Y su charneguismo, si atendemos a la definición de la *Enciclopèdia catalana*, está directamente ligado a su lengua pues, según se define en sus páginas, el charnego es el: "residente en Cataluña y no adaptado lingüísticamente a su nuevo país"[50]. Durante los cuatro telefilmes, Juanjo Puigcorbé no pronunciará una sola palabra en castellano, situación que acaba por resultar cómica cuando, en *La rosa d'Alexandria*, los gallegos con los que se topa en A Coruña utilicen, al igual que él, un perfecto y normativo catalán.

También resulta llamativo comparar la adaptación de *Els mars del Sud* de 1992 con la de 1999: Carvalho ya no precisa cambiar su lenguaje como hacía Juan Luis Galiardo en la versión de 1992. Los productores consideran que el catalán ya es la lengua vehicular de todas las capas de la sociedad, desde la millonaria viuda de Stuart Pedrell hasta de su vecina magrebí en Bellvitge. Es, por lo tanto, un triunfo de las políticas lingüísticas y un nuevo logro, junto a los *Mossos* y la Sanidad, de la gestión de la Generalitat.

Del mismo modo, las expresiones culturales de otras comunidades son consideradas anti naturales por Carvalho, como ejemplifican no tanto la cultura sevillana como la cultura *de las* sevillanas que rodea al grupo de baile Los Inseparables en *Cita mortal a l'Up and Down*. Cierto es que, en el cambio de milenio, las sevillanas gozaron de un gran éxito en la sociedad española y que dicha repercusión no gozó de la complicidad de la intelectualidad. Baste recordar las amargas palabras que le dedica Mainer en su obra *El aprendizaje de la libertad* (2000, p. 93) en la que las considera una expresión de "neoplebeyismo" y de "la beatería de lo popular", una opinión que, sin duda, comparten Carvalho y Biscuter en el telefilme. De hecho, Carvalho le espetará a uno de esos que identifica como "pijos": "¡Lo que tendrías que hacer es bailar sardanas, mal catalán!". Será el camarero de la discoteca Up & Down quien verbalice el porqué las sevillanas son algo tan reprobable. Cuando Carvalho le pide un whisky, le responde:

CAMARERO: Hoy solo servimos manzanilla.
CARVALHO: Debe ser bueno para el negocio esto del regreso de las sevillanas.
CAMARERO: La auténtica sevillana solo se baila en Sevilla. Es como la manzanilla que, cuando viaja, se estropea.

Sin esperar si quiera los datos de audiencia, Minet ya sentenciaba que sería la última vez que ARTE adaptaba a Pepe Carvalho (ARTE, 2004). Mostraba así una fatiga por el esfuerzo requerido para sacar adelante las nuevas *TV movies* y que los problemas durante la producción fueron mayores de lo que contaban los medios. Juanjo Puigcorbé, sin embargo, confía en una nueva serie: "Sueño con una adaptación del último libro de Montalbán, *Milenio*, en el que Carvalho y Biscuter emprenden una última vuelta al mundo. Es algo así como *Don Quijote* o *Bouvard y Pécuchet* que concluye la saga. Una adaptación así precisaría de seis o siete capítulos... Que lo sepan los productores" (ARTE, 2004).

En Francia, las cuatro *TV movies* se emiten de forma consecutiva cada viernes, en prime time desde el 2 de julio de 2004. En España, por el contrario, TV3 decide espaciarlas en el tiempo. La primera de ellas, *Cita mortal a l'Up and Down*, se emite en TV3 el 16 de julio de 2003. Obtiene un share de 14,3 % y una media de 276 000 espectadores, el décimo más visto de los 15 telefilmes de producción propia emitidos ese año (CAC, 2003). *El premi* se emitirá el 25 de marzo de 2005, con 333 000 espectadores y un share del 13,4 % (CAC, 2005). Frente a la abundancia de críticas de los telefilmes de 1999, en esta segunda tanda apenas sí hubo reacción por parte de los especialistas en televisión de los medios, que se limitaron a dejar constancia del estreno de los diferentes telefilmes a su debido tiempo. Más allá de su sinopsis, los puntuaron con unas calificaciones tan bajas como faltas de argumentación.

Capítulo 8:   Caso abierto

Paradójicamente, Pepe Carvalho sigue vivo. Él, que se quejaba y protestaba constantemente durante sus aventuras acerca del inexorable paso del tiempo y de la tendencia al olvido de los españoles, goza de una salud más que aceptable y sigue presente en la memoria colectiva. Ya no está su autor, Vázquez Montalbán, ni su editor, José Manuel Lara, desaparecido meses antes, ni tampoco su agente Carmen Balcells, quien falleció en 2015. Sin embargo, su recuerdo se mantiene presente en la ciudad que tanto amó y en esa industria editorial que contribuyó a desarrollar. Desde 2006, el Ajuntament de Barcelona entrega el Premio Pepe Carvalho de novela negra, galardón que, hasta la fecha, ha recaído en autores del calibre de James Ellroy, Henning Mankell, Petros Márkaris o Andrea Camilleri. En 2018 Hernán Migoya y Bartolomé Seguí publicaron una nueva adaptación al cómic de la novela *Tatuaje* (Norma). Para la Editorial Planeta, su editorial de toda la vida, sigue siendo un activo valioso. En 2019 ha relanzado la franquicia y ha decidido "resucitar" a Pepe Carvalho con la novela *Problemas de identidad*, de Carlos Zanón, en medio de una notable campaña publicitaria que ha despertado un considerable interés periodístico. Zanón imagina a Carvalho despertando en el Hotel de las Letras madrileño, siguiendo por la televisión el conflicto catalán, en un provocativo punto de partida.

Su nueva vida, sin embargo, no se ha correspondido hasta la fecha con un resurgir audiovisual. Parece como si el mundo del cine y la televisión hayan decidido tirar la toalla. Ese puñado de contradicciones que lo hacen capaz de moverse por diferentes ámbitos políticos, culturales y geográficos son tan atractivas como peligrosas para el adaptador. Tras los fracasos anteriores, no parece que haya nuevos creadores capaces de asumir el reto de volver al sin par detective. Los carvalhianos, con todo, no perdemos la fe. Sirvan las siguientes líneas como modestas recomendaciones de lo que creemos que debería tener en cuenta quien lo intente.

Coinciden en Carvalho, por así decir, dos modernidades. Una tiene que ver con el tiempo. La otra, con el espacio. En primer lugar, hay un elemento sumamente paradójico en el detective. Sus casos tienen lugar en el

presente pero, a la vez, parte fundamental de su idiosincrasia es el regreso
al pasado, realizado a través de la reflexión interna del personaje. Este
segundo componente ha sido obviado de manera sistemática por las adaptaciones. Carvalho, el desencantado con los tiempos pretéritos, nos aparece
como hombre sin pasado, que queda reducido a sus duelos dialécticos y a
menudo cómicos con los comisarios (ellos sí) provenientes de los odiosos
años franquistas. En este sentido, que formalmente no se utilice una herramienta como el *flashback* en ninguna de las adaptaciones, causa sorpresa.

Del mismo modo, en buena medida, el éxito de Pepe Carvalho como
personaje literario se debe a su capacidad para novelar la realidad de la
sociedad española contemporánea. Es decir, que a menudo sus aventuras
funcionan como columnas de opinión o editoriales en las que el escritor
sanciona, y a menudo satiriza, diversos aspectos de la realidad española
del momento. Ahora bien, esta cualidad literaria es difícilmente aplicable
al audiovisual. Ese presentismo hace que, en el necesario lapso temporal
que va desde la publicación de la novela a la adaptación, se provoquen
desajustes que hacen que los temas carezcan de interés o sean difícilmente
actualizables. De hecho, hemos visto como Bigas Luna y Vicente Aranda
verbalizan, a su manera, que el fracaso tanto de *Tatuaje* como *Asesinato
en el Comité Central* se debió a un problema temporal. La incapacidad
para simultanear el tiempo fáctico con el narrativo también es visible en
telefilmes como *El premi*, en el que se narra la caída en desgracia de Mario
Conde casi dos décadas después de que se haya producido.

También tiene mal encaje la evolución política del personaje, pues es
constatable una clara divergencia entre la obra literaria y la audiovisual.
Carvalho, por más que se las dé de escéptico, no lo es a la manera de un
Philip Marlowe. Es evidente que tiene un poso de desencanto y de melan-
colía que resulta muy atractivo para una izquierda ortodoxa, que se considera traicionada por la evolución del Estado nación y su pérdida de poder
en favor del neoliberalismo y la iniciativa privada. Eso explicaría por qué
tantas personas próximas al PSUC se han visto involucradas en sus adaptaciones. La lista de antiguos militantes es larga y extensa: Román Gubern,
Gustau Hernández, Manel Esteban, Ovidi Montllor, Joan Antoni González,
Pere Ignasi Fages... Pero en su condición de desencantado izquierdista,
de renegado de la ortodoxia marxista, Pepe Carvalho también da pie a
hacer una interpretación que amplía las sensibilidades políticas que pueden

sentirse representadas y/o atraídas por Carvalho. Sería el caso, por ejemplo, de Vicente Aranda o Adolfo Aristarain que, desde distintos posicionamientos políticos, convertirán al personaje en el depositario de una ideología más próxima a los postulados del Partido Socialista Obrero Español que a los del comunismo, pues ambos (uno desde la parodia y otro desde la reflexión), plasman la imposibilidad de la utopía izquierdista asociada a la ortodoxia comunista. Incluso podemos afirmar que Carvalho también ha encarnado ideales que, en principio, le resultarían antitéticos, como pueden ser el liberalismo optimista del Partido Popular en los telefilmes de 1999, y el nacionalismo catalán en los del periodo 2003–2005.

Hay, también, cuestiones exógenas de las que no sería justo culpar a los adaptadores o al adaptado. La industria editorial ha sido capaz de adaptarse con mayor éxito al mercado globalizado que la industria audiovisual. Mientras la primera se muestra altamente competitiva, el audiovisual vive en una crisis permanente, con serios problemas de exportación y comercialización. Eso ha llevado al sector a una dependencia institucional que siempre condiciona el resultado final, como puede constatarse en la censura en el caso de *Tatuaje*, o en la influencia del *Pacte per la Ficció* en la última tanda de telefilmes.

De las sinergias entre la industria editorial y la audiovisual ha sido la primera la más beneficiada. Un ejemplo: mientras una de las acciones que caracterizan al personaje, su pasión por la gastronomía, ha sido considerada anti cinematográfica por los adaptadores, para la industria editorial, no solo no constituye un problema, sino una bendición que proporciona nuevos réditos económicos, como demuestra el libro *Las recetas de Carvalho* incluido en la saga, o incluso que diera pie a una serie de volúmenes bajo el epígrafe "Carvalho gastronómico" en Ediciones B.

Si nos atenemos al caso específico de la industria audiovisual catalana, el personaje se ha utilizado, casi siempre, como una especie de médium capaz de conseguir la anhelada conexión de sus productos audiovisuales con el gran público. En *Tatuaje*, *Els mars del Sud* o los cuatro últimos telefilmes, se ha buscado, a través del detective, reverdecer los laureles de una industria cuyo momento de esplendor se ha establecido en la década de los 50 y los 60 y su cine policiaco, con un breve repunte durante la fiebre del cine "quinqui" de finales de los años 70. Se esperaba así que el género negro en

general y Pepe Carvalho en particular fueran el pilar sobre el que edificar
una industria local, pretensión que nunca ha llegado a cumplirse.

De nuevo Carvalho, el heterodoxo, escapa al debate sobre el género,
discusión que animó el propio Vázquez Montalbán: hasta qué punto Carvalho es un personaje de novela negra. A diferencia de otros colegas de
profesión, Carvalho no puede adscribirse a un género porque así lo quiso
su autor, que coqueteó con diferentes subgéneros: la novela detectivesca, la
novela criminal, la novela negra, la novela de espías e incluso la novela de
aventuras, una versatilidad problemática en las adaptaciones, especialmente
en las seriadas. Este constante juego de deconstrucción del género va a ser
una pesadilla para el mundo audiovisual: cuando el espectador se enfrenta
a una adaptación de Pepe Carvalho, nunca sabe lo que se va a encontrar. En
Asesinato en el Comité Central y *El premi* estará ante una historia de detec-
tives inglesa a la manera de Agatha Christie, con crímenes que acontecen en
espacios cerrados y con sospechosos bien definidos; en *Olímpicament mort,
La soledad del manager* o *Buscando a Sherezade* o el episodio "Golpe de
Estado", de *Las aventuras de Pepe Carvalho*, las adaptaciones adoptan las
formas y estructuras del *thriller* de espías: conspiranoia, agentes secretos
e implicaciones internacionales; en *Els mars del Sud, Cita mortal a l'Up
and Down* o *Padre, patrón* nos encontramos ante declinaciones del *film
noir*, con el detective atravesando los diferentes estamentos sociales para
demostrar la corrupción de las élites; en "El caso de la gogó-girl", de *Las
aventuras de Pepe Carvalho*, ante un capítulo de una serie de aventuras, en
el que las persecuciones se mezclan con el vodevil…

Por último, a nivel espacial, el atractivo de la ciudad de Barcelona resulta
decisivo en las adaptaciones. La Ciudad Condal se nos presenta como símbolo, al igual que Carvalho, de la modernidad democrática. No cabe duda
de que Barcelona se convirtió durante los años estudiados en epítome de
vanguardia como deja bien a las claras el título del estudio de Joan Ramon
Resina: *Barcelona's Vocation of Modernity: Rise and Decline of an Urban
Image* (2008). En este sentido, las adaptaciones reflejan a la perfección
las diferentes fases del llamado Modelo Barcelona. Desde un momento
predemocrático con *Tatuaje*, en el que Carvalho atraviesa una ciudad en
ebullición que busca encontrarse a sí misma, al proyecto socialista en *Las
aventuras de Pepe Carvalho*, la crítica al mismo *Els mars del Sud* (1992),
su gran éxito internacional (*Pepe Carvalho*, 1999), y la decepción posterior

(*Pepe Carvalho*, 2003–2005). El estudio de las producciones también muestra ese giro copernicano: de un espacio que debe ser rodado con cámaras escondidas en cabinas de teléfono en *Tatuaje* a la imposibilidad de hacerlo en La Rambla por problemas logísticos en la última tanda de telefilmes, obligando a desplazar las localizaciones a Terrassa. Así de drástico ha sido el cambio que se ha producido en la ciudad de Barcelona.

El estudio del espacio también refleja el nuevo posicionamiento de España en Europa y en el mundo, especialmente por la soltura con la que se mueve por el continente el detective en *Las aventuras de Pepe Carvalho* y los telefilmes de 1999. Existe una evidente equiparación o, por usar la terminología política tan habitual de la época, "convergencia" con Europa. De nuevo aquí planea la cuestión ideológica: para Vázquez Montalbán y su personaje literario, cada vez más euroescépticos y antiglobalizadores, se trata de un efecto pernicioso que iguala y homogeniza una cultura española colonizada por el capitalismo; para sus adaptadores, es algo digno de alabanza que sitúa a España en un contexto de normalidad continental.

Sin embargo, Carvalho debería alegrarse hasta cierto punto de las fallidas aproximaciones que se han hecho a su persona. De los fracasos, Vázquez Montalbán fue capaz de obtener beneficios. A diferencia de la opinión generalizada desde el mundo de la literatura, la evolución del personaje va a estar marcada por su vida audiovisual. Existe un ejemplo indiscutible, que es cómo le cambia la vida a Pepe Carvalho la adaptación de Adolfo Aristarain de 1986. Tras *Las aventuras de Pepe Carvalho*, el personaje se va a transmutar en un anti Eusebio Poncela. Observemos, por ejemplo, como el mismo escritor que repudiaba la adaptación de Adolfo Aristarain por incluir a Muriel y su hija, recupera a ambos personajes en *Milenio*, su última aventura. El audiovisual también se va a adelantar a la inversión de roles de las últimas entregas de Carvalho: en los telefilmes de 1999, ya vemos a ese Biscuter que toma las decisiones que es incapaz de adoptar el detective. Esa relación de poder marcará el eje de la obra póstuma de Vázquez Montalbán, *Milenio,* publicada en 2004. Por último, también parece indiscutible que, en el particular universo de Vázquez Montalbán, en el que todo es reciclado y reutilizado, los tratamientos para sus adaptaciones, tanto de *Las aventuras de Pepe Carvalho*, como los que escribió para la irrealizada *Carvalho en Buenos Aires*, van a obligar al autor a dar claves que, pensadas para el audiovisual, se van a integrar en su universo literario.

Por eso, porque hasta cierto punto el personaje audiovisual ha sido más generoso con el personaje literario que a la inversa, seguimos confiando en que Carvalho impartirá algún día su muy *sui generis* sentido de la justicia y le devolverá el favor. Porque a Carvalho, el detective mutante, le falta una penúltima mutación, la que de verdad le haga justicia en el mundo del cine y la televisión.

Bibliografía

Bibliografía general

Afinoguénova, E. (2006). La dialéctica histórico-espacial en la escritura subnormal de Manuel Vázquez Montalbán y el nuevo urbanismo de Henri Lefebvre. *Arizona Journal of Hispanic Cultural Studies*, 10, pp. 23–43.

Alegre, L. (1999). *Bigas Luna: La fiesta de las imágenes*. Huesca: Festival de Cine de Huesca.

Alibés, J. M. *et al.* (1975). *La Barcelona de Pocioles*. Barcelona: Editorial Laia.

Alvares, R. y Frías, B. (1991). *Vicente Aranda, Victoria Abril: el cine como pasión*. Valladolid: Semana Internacional de Cine de Valladolid.

Amat, J. (2015). *El llarg procés: cultura i política a la Catalunya contemporània* (1937–2014). Barcelona: Editorial Planeta.

Andrade, J. (2015). *El PCE y el PSOE en la Transición: la evolución ideológica de la izquierda durante el proceso de cambio político*. Madrid: Siglo XXI.

Angulo, J., Heredero, C. F., y Santamarina, A. (2003). *Enrique Urbizu: la imagen esencial*. San Sebastián: Filmoteca Vasca.

Antín, E. (2002.). *Adolfo Aristarain: Retrato en movimiento*. Huelva: Fundación Cultural de Cine Iberoamericano de Huelva.

Aranda, Q. (1997). La vuelta al mundo de Pepe Carvalho. Epílogo conmemorativo del 25° aniversario de Carvalho. En *Los pájaros de Bangkok* (pp. 411–426). Barcelona: Editorial Planeta.

Aranda, V. (1981) *Asesinato en el Comité Central. Guión cinematográfico*. Barcelona: Morgana Films.

Aristarain, A. (2005). Lealtades y disidencias. *Cuadernos hispanoamericanos*, 661, pp. 41–46.

Attard, E. (1984). *El cambio, antes y después: dos años de felipismo* (Vol. 62). Madrid: Argos Vergara.

Aubert, J. P. (2016). *Seremos Mallarmé: la Escuela de Barcelona: una apuesta modernista.* Santander: Editorial Shangrila.

Aubert, J. P. (2020). *Barcelone. Mise en scènes.* París: Espaces & Signes.

Ayén, X. (2014). *Aquellos años del boom: García Márquez, Vargas Llosa y el grupo de amigos que lo cambiaron todo.* Barcelona: RBA.

Baget Herms, J. M. (1994). *Història de la televisió a Catalunya.* Barcelona: Centre d'investigació de la comunicació.

Balibrea, M. P. (1998). Tatuaje de materialismo y sexismo: Manuel Vázquez Montalbán en busca de una voz narrativa. *Anales de la literatura española contemporánea*, 23(1/2), pp. 565–584.

Balibrea, M. P. (1999). *En la tierra baldía: Manuel Vázquez Montalbán y la izquierda española en la postmodernidad.* Barcelona: El Viejo Topo.

Balibrea, M. P. (2002). La novela negra en la transición española como fenómeno cultural: una interpretación. *Iberoamericana*, 2(7), pp. 111–118.

Balibrea, M. P. (2017). *The global cultural capital: Addressing the citizen and producing the city in Barcelona.* Londres: Palgrave Macmillan.

Balibrea, Mari Paz (2005) Barcelona: del modelo a la marca. En *Desacuerdos 3: sobre Arte, Políticas y Esfera Pública en el Estado Español* (pp. 263–267). Barcelona: MACBA.

Balló, J. (2003). Las dos imágenes cruzadas del cine que se hace hoy en España. *Cataluña-España: relaciones políticas y culturales* (pp. 271–290). Barcelona: Icaria Editorial.

Balló, J., Espelt, R., y Lorente, J. (1990). *Cinema català: 1975–1986.* Barcelona: Columna.

Barton Palmer, R. (2004). The sociological turn of adaptation studies: The example of film noir. En *A Companion to Literature and Film* (pp. 258–277). Malden: Wiley-Blackwell.

Bayó Belenguer, S. (2001). *Theory, Genre, and Memory in the Carvalho Series of Manuel Vázquez Montalbán.* Lewiston: The Edwin Mellen Press.

Belmonte Serrano, J. (2001). Los premios literarios: la sombra de una duda. *Entre el ocio y el negocio: Industria editorial y literatura en la España de los 90* (pp. 43–53). Madrid: Verbum.

Benet, V. (2012). *El cine español. Una historia cultural.*
Barcelona: Editorial Paidós.

Bennett, T., y Woollacott, J. (1987). *Bond and beyond: The political career of a popular hero.* Londres: Macmillan Education.

Bestraten, S., Hormias, E., y Domínguez, M. (2015). *Bellvitge 50 años: historia de un barrio de L'Hospitalet.* L'Hospitalet de Llobregat: Universitat Sense Fronteres.

Blanco Chivite, M. (1992). *Manuel Vázquez Montalbán y Pepe Carvalho.* Madrid: Grupo Libro 88.

Bohigas, O. *et al.* (1990). *Barcelona: Arquitectura y ciudad 1980–1992.* Barcelona: Gustavo Gili.

Bonet, L. (2001). Les polítiques culturals a Catalunya: un espai d'acords bàsics en un context d'alt dinamisme. En *Govern i politiques públiques a Catalunya: Autonomia i benestar* (pp. 303–325). Barcelona: Universitat de Barcelona/Universitat Autònoma de Barcelona.

Bonet, L. *et al.* (2002). *Llibre blanc de les indústries culturals de Catalunya.* Barcelona: Generalitat de Catalunya. Recuperado el 25 de julio de 2020. Disponible en: https://cultura.gencat.cat/web/.content/icic/documents/arxiu_icic/llibre_blanc.pdf

Borja, J. (2010). *Luces y sombras del urbanismo en Barcelona.* Barcelona: Editorial UOC.

Brooker, W. (2004). *Alice's adventures: Lewis Carroll in popular culture.* Nueva York: Chelsea House Publishers.

Brooker, W. (2013). *Batman unmasked: Analyzing a cultural icon.* Londres: Continuum.

Buonanno, M. (2012). *Italian TV drama and beyond: Stories from the soil, stories from the sea.* Bristol: Intellect Books.

Burch, N., y Sellier, G. (2013). *Ignorée de tous… sauf du public: Quinze ans de fiction télévisée française: 1995–2010.* París: INA Éditions.

CAC. (2004). *Informe de l'audiovisual a Catalunya 2003.* Barcelona: Quaderns del CAC.

CAC. (2006). *Informe de l'audiovisual a Catalunya 2005.* Barcelona: Quaderns del CAC.

Cadenas, N. (2002) *L'Ovidi.* Valencia: Eliseu Climent.

Canal, J. (2015). *Historia mínima de Cataluña*. Barcelona: Editorial Turner.

Candel, F. (1957). *Donde la ciudad cambia su nombre*. Barcelona: José Janés.

Candel, F. (1964). *Els altres catalans*. Barcelona: Edicions 62.

Candel, F. (2001). *Els altres catalans del segle XXI*. Barcelona: Editorial Planeta.

Capmany, M. A. (1984). *Mª Aurèlia Capmany, Pasqual Maragall. Caminant junts per la ciutat*. Barcelona: Editorial Laia.

Carandell, J. M. (1974). *Guía secreta de Barcelona*. Madrid: Al-borak.

Casado, S. (2011). *Adolfo Aristarain: Un nuevo humanismo*. Madrid: J.C.

Castañeda, J. G. (1997). *La vida en rojo: una biografía del Che Guevara*. México, D.F.: Editorial Alfaguara.

Castellet, J. M. (1970.). *Nueve novísimos poetas españoles*. Barcelona: Barral.

Castillo, D. (Ed.). (2010). *Barcelona, fragments de la contracultura*. Barcelona: Ajuntament de Barcelona.

Cerdán J., y Fernández Labayen M. (2013). De sastres y modelos: Entre el postcolonialismo y la transnacionalidad en el documental experimental español. *Arte y Políticas De Identidad*, 8, pp. 137–155.

Cerdán, J. y Fernández Labayen M. (2015). Mediating migration in Ceuta, Melilla and Barcelona: border thinking and transnationalism from below in independent documentary. *Transnational Cinemas* 6(2), pp. 137–155.

Cerdán, J. y Pena, J. (2005) Variaciones sobre la incertidumbre. En *La nueva memoria: Historia (s) del cine español (1939–2000)* (pp. 254–313). A Coruña: Vía Láctea.

Ciller Tenreiro, M. C., y Palacio Arranz, J. M. (2016). *Producción y desarrollo de proyectos audiovisuales*. Madrid: Editorial Síntesis.

Cirici, A. (1973). *Barcelona pam a pam*. Barcelona: Editorial Teide.

Colmeiro, J. F. (1994). *La novela policiaca española: Teoría e historia crítica*. Barcelona: Editorial Anthropos.

Colmeiro, J. F. (2013). *El ruido y la furia: conversaciones con Manuel Vázquez Montalbán, desde el planeta de los simios*. Madrid: Iberoamericana.

Comas, À. (2003). *Ignacio F. Iquino, hombre de cine*. Barcelona: Editorial Laertes.

Comas, À. (2010). *Vint anys d'història del cinema a Catalunya (1990–2009)*. Barcelona: Editorial Laertes.

Cuadrado, A. (2010). La novela negra como vehículo de crítica social: Una lectura espacial de Los Mares del Sur, de Manuel Vázquez Montalbán. *Letras Hispanas: Revista de literatura y de cultura*, 7(1), pp. 199–218.

De Abiada, J. M. L., Neuschäfer, H. J., y Bernasocchi, A. L. (2001). *Entre el ocio y el negocio: industria editorial y literatura en la España de los 90*. Madrid: Verbum.

De Cominges, J. (2001). *Mis años de cine (1976–1979): Entre el destape y la "qualité"*. Barcelona: DVD Ediciones.

De Felipe, F., y Gómez, I. (2008). *Adaptación*. Barcelona: Editorial Blanquerna.

Degen, M., y García, M. (2008). El Camino Barcelona: espacios, culturas y sociedades. En *La metaciudad: Barcelona. Transformación de una metrópolis* (pp. 9–27). Barcelona: Anthropos.

Delgado, M. (2007). *La ciudad mentirosa: fraude y miseria del "modelo Barcelona"*. Madrid: Editorial Catarata.

Delgado, M. y Juan, A. (2012). *Azoteas de Barcelona entre el cielo y la tierra*. Barcelona: Institut del Paisatge Urbà i la Qualitat de Vida.

Del Rey Reguillo, A. (2007). *Cine, imaginario y turismo: estrategias de seducción*, Valencia, Tirant Lo Blanch, 2007.

Díaz Arenas, A. (1995). *Introducción a la lectura de la obra narrativa de Manuel Vázquez Montalbán*. Kassel: Reichenberger.

Duran Froix, J. S. (2014). La mediatización del escritor durante la Transición: el papel de la televisión. *Hispanística XX*, pp. 271–285. Recuperado de https://hal-univ-paris10.archives-ouvertes.fr/hal-01999947/document

Enzensberger, H. M. (1977). *El corto verano de la anarquía: vida y muerte de Buenaventura Durruti*. Barcelona: Grijalbo.

Espelt, R. (1989). *Mirada al món de Bigas Luna*. Barcelona: Editorial Laertes.

Espelt, R. (1998). *Ficció criminal a Barcelona, 1950–1963*. Barcelona: Laertes

Espinàs, J. M. (1974). *Vuit segles de carrers de barcelona: De Montcada a Tuset.* Barcelona: Ediciones Destino.

Fabre, J., y Huertas, J. M. (1976). *Tots els barris de Barcelona.* Barcelona: Edicions 62.

Faulkner, S. (2004). *Literary adaptations in Spanish cinema* (Vol. 202). Londres: Tamesis Books.

Febrés, X. (1985). *Manuel Vázquez Montalbán, Jaume Fuster: conversa.* Barcelona: Laia.

Fernández, M. (2014). *Matar al Chino: entre la revolución urbanística y el asedio urbano en el barrio del Raval de Barcelona.* Barcelona: Virus.

Font Cardona, J. (1991). *Papers de política cultural.* Barcelona: Edicions 62.

Freixas, R. (2000). *Miradas sobre el cine de Vicente Aranda.* Murcia: Editum.

Fusi, J.P. (2003). Cultura y democracia. La cultura de la transición. En *La España del siglo XX* (pp. 563–600). Madrid: Marcial Pons Historia

Garcés, M. (2018). *Ciudad princesa.* Barcelona: Galaxia Gutenberg.

García de Dueñas, J. (2017). *Juan Luis Galiardo: Exuberante voracidad.* Badajoz: Festival Ibérico de Cine.

García, M. (2008). Barcelona: ciudadanos y visitantes. En *La metaciudad: Barcelona. transformación de una metrópolis* (pp. 97–114). Barcelona: Editorial Antrophos.

Genovès, M. D. (2005). *Les Barcelones de Porcioles: un abecedari.* Barcelona: Editorial Proa.

Goytisolo, J. (1993). *Cuaderno de Sarajevo: anotaciones de un viaje a la barbarie.* Madrid: Aguilar.

Gracia, J. y Ródenas, D. (2011). *Derrota y restitución de la modernidad. 1939–2009. Historia de la Literatura Española, Vol. 7.* Barcelona: Editorial Crítica.

Guarner, J. L., y Besas, P. (1985). *El inquietante cine de Vicente Aranda.* Madrid: Artes Gráficas Municipales.

Gubern, R. (1997). *Viaje de ida.* Barcelona: Editorial Anagrama.

Guimera i Orts, J. A. (2014). *Les polítiques de mitjans de comunicació durant els governs de Jordi Pujol: premsa, ràdio i televisió en el procés de reconstrucció nacional de Catalunya*. Barcelona: Editorial Proa.

Hannigan, J. (2005). *Fantasy city: Pleasure and profit in the postmodern metropolis*. Londres: Routledge.

Harvey, D. (1992). *The Condition of Postmodernity*. Oxford: Blackwell.

Heredero, C. F. (1993). *Las huellas del tiempo: Cine español 1951–1961*. Valencia: Filmoteca de la Generalitat Valenciana.

Ibáñez Fernández, J. C. (2016). *Cine, televisión y cambio social en España: Del franquismo a la televisión*. Madrid: Síntesis.

Ibáñez, J. C. (2019) Dolor y gloria. París-Tombuctú. Imágenes del pesimismo en el cine de Luis García Berlanga y Pedro Almodóvar. En *Tecmerin. Revista de Ensayos Audiovisuales*, 3(2). ISSN: ISSN: 2659-4269

Juliá, S. (2003). Democracia. en *La España del siglo XX* (pp. 193–264). Madrid: Marcial Pons Historia.

Kalfon, P. (1997). *Ernesto Che Guevara: una leyenda de nuestro siglo*. Barcelona: Círculo de Lectores.

Lacalle Zalduendo, M. R. (2016). 'Traduttore, traditore?' La adaptación televisiva de "Las aventuras de Pepe Carvalho (Adolfo Aristarain)". *Signa: Revista de la Asociación Española de Semiótica*, 25, pp. 667–683.

Lacuesta, R. y González, A. (1988). *Arquitectura modernista en Cataluña*. Barcelona: Gustavo Gili.

Lévy, M. F. y Sicard, M. N. (2010). La creation et l'identité d'une chaîne. Arte dans l'espace public européen (1992–2004). En *Building a European Public Space. From the 1950s to the Present*. Bruselas: Peter Lang.

Llorens, A. (1988). *El cine negro español*. Valladolid: Semana Internacional de Cine.

López Sangüesa, J. L. (2018). Política y cine policíaco de la Transición española. *Trípodos*, 41, pp. 87–100. Recuperado de http://www.tripodos.com/index.php/Facultat_Comunicacio_Blanquerna/article/viewFile/436/498

Luna, B. y Pisano, I. (2001). *Bigas Luna: Sombras de Bigas, luces de Luna*. Madrid: SGAE.

Mainer, J. C. y Juliá, S. (2000). *El aprendizaje de la libertad, 1973–1986: La cultura de la transición.* Madrid: Alianza.

Maragall, P. (1986). *Refent Barcelona.* Barcelona: Editorial Planeta.

Maragall, P. (1991). *Barcelona, la ciutat retrobada.* Barcelona: Edicions 62.

Maragall, P. (1998). Presentación de Pasqual Maragall. En *Barcelona, un día* (pp. 9–13). Madrid: Alfaguara.

Martínez-Expósito, A. (2015). *Cuestión de imagen: cine y Marca España.* Vigo: Academia del Hispanismo.

Martínez, G. (2012). *CT o la Cultura de la Transición. Crítica a 35 años de cultura española.* Barcelona: Debolsillo.

McDonogh, G. W. (1987). The geography of evil: Barcelona's Barrio Chino. *Anthropological Quarterly*, pp. 174–184.

McNeill, D. (2005). *Urban change and the European left: tales from the new Barcelona.* Londres: Routledge.

Mollá, D. (2012). La ficción en televisión: ¿series españolas o series norteamericanas? El público decide. En *La ficción audiovisual en España* (pp. 103–116). Barcelona: Editorial Gedisa.

Moix, L. (1994). *La ciudad de los arquitectos.* Barcelona: Editorial Anagrama.

Moix, T. (1998). *El peso de la paja.* Barcelona: Editorial Planeta.

Molina Temboury, P. (s.f.). *La Barcelona de MVM.* Documento de trabajo procedente del archivo personal del coordinador de guiones.

Molina Temboury, P. (16 junio 1997). *Biblia. Carvalho. Serie de televisión basada en los relatos de Manuel Vázquez Montalbán. Seis episodios de 90 minutos.* Documento de trabajo procedente del archivo personal del coordinador de guiones.

Molina Temboury, P. (7 abril 1999). *Carvalho. Segunda serie. Nuevas novelas y relatos ofrecidas por la Agencia Balcells.* Documento de trabajo procedente del archivo personal del coordinador de guiones.

Molina Temboury, P. (octubre 2001). *Biblia. Pepe Carvalho. Nuevos episodios. Serie de televisión basada en los relatos de Manuel Vázquez Montalbán.* Documento de trabajo procedente del archivo personal del coordinador de guiones.

Molina, M. (2018.). *Alerta Barcelona: Adiós a la ciudad autocomplaciente*. Barcelona: La Vanguardia Ediciones.

Montaner, J. M. (2002). Los modelos Barcelona: de la acupuntura a la prótesis. *Arizona Journal of Hispanic Cultural Studies*, 6(1), pp. 263–268.

Montaner, J. M. (2004). La evolución del modelo de Barcelona (1979–2002). En *Urbanismo en el siglo XXI: una visión crítica: Bilbao, Madrid, Valencia, Barcelona* (pp. 203–220). Barcelona: Edicions UPC.

Montaner, J. M., Álvarez, F., y Muxí, Z. (2011). *Archivo crítico modelo Barcelona*. Barcelona: Ajuntament de Barcelona.

Moragas, M. d. (2017). *Barcelona ciudad simbólica*. Barcelona: Amat.

Morán, G. (1986). *Miseria y grandeza del partido comunista de España: 1939–1985*. Barcelona: Editorial Planeta.

Morán, G. (2013). *La decadencia de Cataluña contada por un charnego*. Barcelona: Editorial Debate.

Moreno, E., y Vázquez Montalbán, M. (1991). *Barcelona, ¿a dónde vas?: diálogos para otra Barcelona*. Barcelona: Ediciones de la Tempestad.

Mota Chamón, Á. L. (2000). *La novela negra española: ambientes y personajes*. Cuenca: Gráfica Cuenca.

Murray, S. (2012). *The adaptation industry: The cultural economy of contemporary literary adaptation*. Londres: Routledge.

Nazario. (2004). *Los años 70 vistos por Nazario y sus amigos*. Castellón de la Plana: Ellago Ediciones.

Nichols, W. J. (1998). A quemarropa con Manuel Vázquez Montalbán y Paco Ignacio Taibo II, *Arizona Journal of Hispanic Cultural Studies*, 2, pp. 197–231.

Ortells-Nicolau, X. (s/f). Itinerario: China en España: el Barrio Chino, *Archivo China-España, 1800–1950*, Recuperado de: http://ace.uoc.edu/exhibits/show/china-en-espana/chinos-barrio-chino

Palacio, M. (2001). *Historia de la televisión en España*. Barcelona: Editorial Gedisa.

Palacio, M. (2002). Notas para una comprensión sinóptica de la televisión en la Transición democrática. *Área Abierta*, 3, pp. 4–6.

Recuperado de http://revistas.ucm.es/index.php/ARAB/article/viewFile/ARAB0202230004A/4276

Palacio, M. (2011). Marcos interpretativos, Transición democrática y cine. En *El cine y la transición política en España (1975–1982)* (pp. 19–30). Madrid: Biblioteca Nueva.

Palacio, M. (Ed.) (2006). *Las cosas que hemos visto: 50 años y más de TVE.* Madrid: Instituto oficial de RTVE.

Palacio, M., y Cascajosa, C. (2012). Comunicar Europa/Communicating Europe. Spain, Television Co-productions And The Case Of Pepe Carvalho. *VIEW Journal of European Television History and Culture*, 1(2), pp. 25–37.

Palacio, M. (2013). The Hard Route to Europeanness. The Case of the Series Pepe Carvalho. En *Trasnational Cinema in Europe* (pp. 37–47). Berlín: LIT Verlag.

Palacio, M. (2020). El año 1992, una revisión crítica. *Journal of Spanish Cultural Studies*, 21 (1), pp. 1–20.

Palacio, M. y Rodriguez Ortega, V. (2020). Cine y cultura popular en los 90: España-Latinoamérica. Claves conceptuales. En *Cine y cultura popular en los 90: España-Latinoamérica.* (pp. 9–21). Berna: Peter Lang.

Pomés, J. y Feriche, R. (1992). *Barcelona design guide: Guía de Barcelona.* Barcelona: Gustavo Gili.

Pradera, J. (1992). Las pasiones del poder: el PSOE tras diez años de gobierno. En *La década socialista. El ocaso de Felipe González* (pp. 265–283). Madrid: Espasa-Calpe.

Quaggio, G. (2011). Política cultural y transición a la democracia: el caso del Ministerio de Cultura UCD (1977–1982). *Historia del presente,* 17, pp. 109–25.

Quaggio, G. (2013). Asentar la democracia: la política cultural a través del Gabinete del Ministro Javier Solana. En *Historia de la época socialista: España, 1982–1996* (pp. 35–59). Madrid: Sílex.

Quaggio, G. (2014). *La cultura en transición. Reconciliación y política cultural en España, 1976–1989.* Madrid: Alianza Editorial.

Quaggio, G. (2018). 1992. Annus mirabilis: La Expo de Sevilla y los Juegos Olímpicos de Barcelona. En *Historia Mundial de España* (pp. 899–905). Barcelona: Editorial Planeta.

Quirosa-Cheyrouze, R. (2008). La transición posible a la democracia. Actas del Congreso *Crisis, dictaduras, democracia: I Congreso Internacional de Historia de Nuestro Tiempo* (pp. 63–70).

Ramírez, P. J. (1989). *La rosa y el capullo: cara y cruz del felipismo: una crónica ecuánime y una crítica serena de los acontecimientos y personajes vinculados a las victorias electorales del Partido Socialista.* Barcelona: Editorial Planeta.

Resina, J. R. (1997). *El cadáver en la cocina: la novela criminal en la cultura del desencanto.* Barcelona: Editorial Anthropos.

Resina, J. R. (2008). *Barcelona's Vocation of Modernity: Rise and Decline of an Urban Image.* Stanford: Stanford University Press.

Riambau, E., y Torreiro, C. (1998). Gustau Hernández: lecturas de la historia. En *Guionistas en el cine español: quimeras, picarescas y pluriempleo.* Madrid: Cátedra.

Riambau, E., y Torreiro, C. (1999). *La Escuela de Barcelona: el cine de la "gauche divine".* Barcelona: Editorial Anagrama.

Riambau, E. (2001). Iquino: la "fábrica" del Paralelo. En *Cuadernos de la Academia,* 10, pp. 303–313.

Riambau E. y Torreiro, C. (2008). *Productores en el cine español: estado, dependencias y mercado.* Madrid: Editorial Cátedra.

Ribas, P. (2011). *Los 70 a destajo. "Ajoblanco" y libertad.* Barcelona: Booket.

Rivero Grandoso, J. (2014). Adaptaciones de Pepe Carvalho: la serie dirigida por Adolfo Aristarain y su recepción crítica. En *Sobre la adaptación y más allá: trasvases filmoliterarios* (pp. 153–160). Salamanca: Ediciones Universidad de Salamanca.

Rodríguez Ortega, V. (2018). Sun-Drenched Corruption: Organized Crime, Global Capitalism, and the Mediterranean Coast in Recent Spanish Cinema. En *A Companion to the Gangster Film,* (pp. 283–301). Hoboken: Wiley.

Romaguera, J. y Porter, M. (2005). *Diccionari del cinema a Catalunya.* Barcelona: Enciclopèdia Catalana.

Romero Santos, R. (2014). *La pistola y el corazón. Conversaciones con Agustín Díaz Yanes.* Getafe: TECMERIN.

Romero Santos, R. (2018). *Entrevista personal con Pedro Molina Temboury, coordinador de guiones de los telefilmes de 1999 y 2003–2005.* Celebrada 15 de noviembre. Madrid.

Romero Santos, R. (2018). *Entrevista por correo electrónico con Joan Antoni González, productor de los telefilmes de 1999 y 2003–2005.* Celebrada el 1 de enero de 2018.

Romero Santos, R. y Mejón, A. (2020a). "Una Barcelona muy bonita". Almodóvar, un turista en *Todo sobre mi madre* (1999). *Atalante-Revista de Estudios cinematográficos* (30) pp. 47–62.

Romero Santos, R. y Mejón, A. (2020b). *Barcelona en el cine. Apuntes sobre espacio, política y cultura.* Lyon: Le GRIMH.

Sanabria, C. (2008). De María a Lola y Lulú: descenso del cielo a los infiernos en la obra de transición de Bigas Luna. *Káñina*, 32(2), pp. 33–48.

Sanabria, C. (2010a). La primera y la última aventura de Bigas Luna: En los lindes de lo marginal. *Revista Espiga*, 9(20), pp. 101–115.

Sanabria, C. (2010b). *Bigas Luna: El ojo voraz.* Barcelona: Editorial Laertes.

Sánchez Barba, F. (2007). *Brumas del franquismo: el auge del cine negro español (1950–1965).* Barcelona: Edicions Universitat Barcelona.

Sánchez Berciano, B. (2007). *La movida.* Madrid: Consejería de Cultura y Deportes de la Comunidad de Madrid.

Sassen, S. (1991). *La ciudad global.* Buenos Aires: Eudeba.

Saval, J. V. (2004). *Manuel Vázquez Montalbán: el triunfo de un luchador incansable.* Madrid: Editorial Síntesis.

Scarnato, A. (2016). *Barcelona supermodelo: la complejidad de una transformación social y urbana (1979–2011).* Barcelona: Comanegra.

Sokoloff, B., Sauvé, C., y Beauchesne, J. (1999). *Barcelone ou comment refaire une ville.* Montréal: PUM.

Sontag, S. (2012). *Ante el dolor de los demás.* Barcelona: Debolsillo.

Stam, R., y Raengo, A. (Eds.). (2004). *A companion to literature and film.* Malden: Wiley-Blackwell.

Subirachs, J. (1999). *L'escultura del segle XIX a Catalunya.* Barcelona: Publicacions de L'Abadia de Montserrat.

Subirós, P. (1993). El vol de la fletxa. En *El Vol de la fletxa: Barcelona'92: Crònica de la reinvenció de la ciutat* (pp. 19–103). Barcelona: Editorial Electa.

Taibo II P. I. (1996). *Ernesto Guevara, también conocido como El Che*. México D.F.: Editorial Planeta.

The Urban Task Force. (2003). *Towards an urban renaissance*. Londres: Routledge.

Tierz, C., y Muniesa, X. (2013). *Barcelona ciutat de teatres: 1597–2013*. Barcelona: Viena Edicions.

Torreiro. M. y Mejón, A. (2018). *La elección invisible. Encuentros con Luis San Narciso*. Getafe: TECMERIN.

Trenzado Romero, M. (1999). *Cultura de masas y cambio político: El cine español de la Transición*. Madrid: Centro de Investigaciones Sociológicas.

Tusell, J. (1992). La cultura: de instrumento político al consumo generalizado. *La década socialista. El ocaso de Felipe González* (pp. 209–224). Madrid: Espasa-Calpe.

Tusell, J. (2004). *El aznarato: El gobierno del partido popular 1996–2003*. Madrid: Aguilar.

Tusell, J. (2005). *Dictadura franquista y democracia, 1939–2004*. Barcelona: Editorial Crítica.

Tyras, G. (2014). La Barcelona de Manuel Vázquez Montalbán (1939–2003) y la Marsella de Jean-Claude Izzo (1945–2000). Referencia y reverencia. *Bulletin hispanique*, 116(2), pp. 671–683. Recuperado de https://journals.openedition.org/bulletinhispanique/3489

Tyras, G. y Vázquez Montalbán, M. (2003). *Geometrías de la memoria: conversaciones con Manuel Vázquez Montalbán*. Granada: Editorial Zoela.

Valles Calatrava, J. R. (1991). *La novela criminal española*. Granada: Universidad de Granada.

Vallés Copeiro, A. (2000). *Historia de la política de fomento del cine español*. Valencia: Filmoteca Generalitat Valenciana.

Vera, P. (1989). *Vicente Aranda*. Madrid: Ediciones J.C.

Vila-Sanjuán, S. (2003). *Pasando página: autores y editores en la España democrática*. Barcelona: Ediciones Destino.

Vilarós, T. (1998). *El mono del desencanto: Una crítica cultural de la Transición española, 1973–1993*. Madrid: Siglo XXI.

Vilches, L., y Berciano, C. L. (1999). Evolución del consumo de TV y cuota de cadenas 1990–1999. *ZER: Revista de Estudios de Comunicación*, 5(9). Recuperado de http://www.ehu.eus/ojs/index.php/Zer/article/viewFile/17431/15206

Villamandos, A. (2011). *El discreto encanto de la subversión: Una crítica cultural de la "Gauche Divine"*. Pamplona: Editorial Laetoli.

Villanueva Prieto, D. (1992). La nueva narrativa española. En *Historia y crítica de la literatura española. Vol. IX. Los nuevos nombres 1975–1990* (pp. 285–304). Barcelona: Crítica.

Villar, P. (1996). *Historia y leyenda del Barrio Chino*. Barcelona: La Campana.

Weinrichter, A. (1992). *La línea del vientre: El cine de Bigas Luna*. Gijón: Festival de Cine.

Zambrana, J. (2000). *La alternativa libertaria: Catalunya, 1976–1979*. Badalona: Edicions Fet a Mà.

Zanón, C. (2019). *Problemas de identidad*. Barcelona: Editorial Planeta.

Zapatero, J. S., y Escribà, À. M. (2017). *Continuará…: sagas literarias en el género negro y policiaco español*. Barcelona: Alrevés.

Zukin, S. (1993). *Landscapes of power: from Detroit to Disney World*. Berkeley: University of California Press.

Obras de Manuel Vázquez Montalbán

Vázquez Montalbán, M. (1969). *Recordando a Dardé y otros relatos*. Barcelona: Seix Barral.

Vázquez Montalbán, M. (1970). *Crónica sentimental de España*. Barcelona: Editorial Lumen.

Vázquez Montalbán, M. (1972). *Yo maté a Kennedy*. Barcelona: Editorial Planeta.

Vázquez Montalbán, M. (1974). *Tatuaje*. Barcelona: José Batlló.

Vázquez Montalbán, M. (1977). *La soledad del manager*. Barcelona: Editorial Planeta.

Vázquez Montalbán, M., Gumí, J., y Luján, N. (1977). *L'art del menjar a Catalunya*. Barcelona: Edicions. 62.

Vázquez Montalbán, M. (1979). *Los mares del Sur*. Barcelona: Editorial Planeta.

Vázquez Montalbán, M., Gumí, J., y Luján, N. (1979). La cocina catalana: el arte de comer en Cataluña. Barcelona: Península.

Vázquez Montalbán, M. (1981a). *Asesinato en el Comité Central*. Barcelona: Editorial Planeta.

Vázquez Montalbán, M. (1981b). *La rosa de Alejandría*. Barcelona: Editorial Planeta.

Vázquez Montalbán, M. (1985). *El pianista*. Barcelona: Seix Barral.

Vázquez Montalbán, M. (1986). *El balneario*. Barcelona: Editorial Planeta.

Vázquez Montalbán, M. (1987a). *Barcelonas*. Barcelona: Editorial Empúries.

Vázquez Montalbán, M. (1987b). *Historias de fantasmas*. Barcelona: Editorial Planeta.

Vázquez Montalbán, M. (1987c). *Historias de padres e hijos*. Barcelona: Editorial Planeta.

Vázquez Montalbán, M. (1987d). *Historias de política ficción*. Barcelona: Editorial Planeta.

Vázquez Montalbán, M. (1987e). *Tres historias de amor*. Barcelona: Editorial Planeta.

Vázquez Montalbán, M. (1987f). *Asesinato en Prado del Rey y otras historias sórdidas*. Barcelona: Editorial Planeta.

Vázquez Montalbán, M. (1988). *El delantero centro fue asesinado al atardecer*. Barcelona: Editorial Planeta.

Vázquez Montalbán, M. (1989). *Las recetas de Carvalho*. Barcelona: Editorial Planeta.

Vázquez Montalbán, M. (1990a). *Galíndez*. Barcelona: Seix Barral.

Vázquez Montalbán, M. (1990b). La deshumanización del personaje. En *El personaje novelesco* (pp. 69–76). Madrid: Editorial Cátedra.

Vázquez Montalbán, M. (1990c). *El premio*. Barcelona: Editorial Planeta.

Vázquez Montalbán, M. (1991). *El laberinto griego*. Barcelona: Editorial Planeta.

Vázquez Montalbán, M. (1994). *El hermano pequeño*. Barcelona: Editorial Planeta.

Vázquez Montalbán, M. (1996). *Un polaco en la corte del Rey Juan Carlos*. Madrid: Editorial Alfaguara.

Vázquez Montalbán, M. (1997a). *Antes de que el milenio nos separe*. Barcelona: Editorial Planeta.

Vázquez Montalbán, M. (1997b). *El escriba sentado*. Barcelona: Editorial Crítica.

Vázquez Montalbán, M. (1997c). *Quinteto de Buenos Aires*. Barcelona: Editorial Planeta.

Vázquez Montalbán, M. (1998). Bolero o Sobre la recuperación de los barrios históricos en las ciudades con vocación postmoderna. En *Barcelona, un día* (pp. 417–432). Madrid: Editorial Alfaguara.

Vázquez Montalbán, M., Albiñana, A., y Ramonet, I., y (1999a). *Geopolítica del caos*. Madrid: Editorial Debate.

Vázquez Montalbán, M. (1999b). *Marcos: el señor de los espejos*. Madrid: Editorial Aguilar.

Vázquez Montalbán, M. (2000). *El hombre de mi vida*. Barcelona: Editorial Planeta.

Vázquez Montalbán, M. (2001a). *Flor de nit*. Barcelona: Edicions 62.

Vázquez Montalbán, M. (2001b). *La literatura en la construcción de la ciudad democrática*. Barcelona: Editorial Mondadori.

Vázquez Montalbán, M. (2003). *La aznaridad: Por el imperio hacia Dios o por Dios hacia el imperio*. Barcelona: Editorial Mondadori.

Vázquez Montalbán, M. (2004a). *Milenio. Volumen 1: Rumbo a Kabul*. Barcelona: Editorial Planeta.

Vázquez Montalbán, M. (2004b). *Milenio. Volumen 2: En las antípodas*. Barcelona: Editorial Planeta.

Vázquez Montalbán, M. (2010). *Obra periodística. Volumen I: La construcción del columnista (1960–1973). Edición a cargo de Francesc Salgado*. Barcelona: Editorial Debate.

Vázquez Montalbán, M. (2011). *Obra periodística. Volumen II: Del humor al desencanto (1974–1986)*. Edición a cargo de Francesc Salgado. Barcelona: Editorial Debate.

Vázquez Montalbán, M. (2012). *Obra periodística. Volumen III: Las batallas perdidas (1987–2003)*. Edición a cargo de Francesc Salgado. Barcelona: Editorial Debate.

Fuentes hemerográficas

Alonso, A. (21 abril 2004). Biscuter gana a Carvalho en la obra póstuma de Montalbán. *El Periódico de Aragón*. Recuperado de https://www.elperiodicodearagon.com/noticias/escenarios/biscuter-gana-carvalho-obra-postuma-montalban_98360.html

Amela, V. (16 febrero 1986). TVE estrena la serie 'Pepe Carvalho', *La Vanguardia*, p. 86.

Amela, V. (6 noviembre 1985). Se rueda en Barcelona un telefilme con "Carvalho". *La Vanguardia*, p. 64.

ARTE (1999). *Pepe Carvalho. D'après Manuel Vázquez Montalbán*. Dossier de prensa. Recuperado de http://download.pro.arte.tv/archives/fichiers/01778687.pdf

ARTE (2004). *Pepe Carvalho 2e Saison inédite*. Dossier de prensa.

ARTE (26 junio–2 julio 2004). 'Up and Down'. *Arte Magazine*, n°27, p. 27.

ARTE (3–9 julio 2004). 'Les mers du Sud'. *Arte Magazine*, n°28, p. 27.

ARTE (10–16 julio 2004). 'La rose d'Alexandrie'. *Arte Magazine*, n°29, p. 27.

Ayén. X. (25 noviembre 1997). Qué y cuánto exporta España en literatura. *La Vanguardia*, pp. 47–49.

Azúa, F. D. (14 mayo 1982). Barcelona es el 'Titanic'. *El País*. Recuperado de https://elpais.com/diario/1982/05/14/opinion/390175205_850215.html

Baget Herms, J. M. (21 febrero 1986a). Carvalho en acción. *La Vanguardia*, p. 46.

Baget Herms, J. M. (21 abril 1986b). Adiós sin ira a "Pepe". *La Vanguardia*, p. 46.

Baget Herms, J. M. (22 febrero 2000a). El "lifting" de Pepe Carvalho. *La Vanguardia. Suplemento Vivir*, p. 10.

Baget Herms, J. M. (28 marzo 2000b). La nueva estética de Pepe Carvalho. *La Vanguardia. Suplemento Vivir*, p. 10.

Bonet Mojica, LL. (25 abril 1984). Hoy se estrena 'Tiempo de revancha', polémico filme de Adolfo Aristarain. *La Vanguardia*, p. 40.

Carreño, J. M. (1975). Un director-productor acusa. *Nuevo Fotogramas*, n°1396.

Casas, Q. (15 octubre 1986). Carvalho i L'Olímpiada. *Avui*, p. 35.

Castilla, A. (7 de octubre de 1997). Vázquez Montalbán cierra el 'año Carvalho' con una novela sobre la dictadura argentina. *El País*. Recuperado de https://elpais.com/diario/1997/10/07/cultura/876175201_850215.html

Cenalmor, I. (22 marzo 1984). Se inicia el rodaje de la serie negra 'Historias de Pepe Carvalho'. *La Vanguardia*, p. 66.

Cendrós, T. (7 marzo 1999). Carvalho envejece conmigo. *El País*. Recuperado de http://www.vespito.net/mvm/carvtv.html

Clarós, I. (13 mayo 1998). El retorno de Pepe Carvalho. *La Vanguardia. Suplemento Vivir*, p. 11.

Cueto, J. (23 marzo 1986). El asesinato de Carvalho. *El País*. Recuperado de http://www.vespito.net/mvm/carvtv.html

FAVB. (Diciembre 1992). *La Veu del Carrer*, n°10–11.

Font, D. (1978). Entrevista a Bigas Luna. *La mirada*, n°4.

Font, D. (22 febrero 1986). Dos no son siempre pareja. *El País*.

Freixas, R. (1982). 'Asesinato en el Comité Central'. *Dirigido por...* n°94.

Freixas, R. y Bassa, J. (1982). Sobre 'Asesinato en el Comité Central'. Entrevista con Vicente Aranda. *Dirigido por...* n°94.

Galán, D. (18 de Agosto de 1982). Difícil adaptación. *El País*. Recuperado de https://elpais.com/diario/1982/08/18/cultura/398469611_850215.html

Galán, D. (20 octubre 2003). Nunca encontraron a Carvalho. *El País*, p. 40.

Llinàs, M. A. (1976). Un 'Tatuaje' con un corte solamente, en *Tele/eXprés*. 15 de diciembre.

Maso, Á (3 diciembre 1977). 'Tatuaje (Primera aventura de Pepe Carvalho)'. *La Vanguardia*, p. 46.

Maso, Á. (4 marzo de 1982). 'Asesinato en el Comité Central'. *La Vanguardia*, p. 51.

Miñarro, L. (octubre 1978). Entrevista con Bigas Luna. *Dirigido por... n°58.*

Miravitllas, R. (21 octubre 1986). Carvalho. *El Periodico de Catalunya*, p. 63.

Molina Foix, V. (21 marzo 1986). Los arenques de Carvalho. *El País.* https://elpais.com/diario/1986/03/21/radiotv/511743603_850215.html

Montero, R. (10 noviembre 1976). Censura vuelve al ataque. *Nuevo Fotogramas*, n°1456.

Mora, R. (23 enero 1998). Polémica por unas declaraciones de Mariscal contra Pujol, la Generalitat y los catalanes. *El País.* Recuperado de https://elpais.com/diario/1988/01/23/cultura/569890807_850215.html

Muñoz, D. y Pedroche, F. J. (20 marzo 1984). En TVE ha sonado la hora de las coproducciones. *La Vanguardia*, p. 26.

Navarrete, P. (2003). Juanjo Puigcorbé se vuelve a meter en la piel de Pepe Carvalho. *Diari de Terrassa*, p. 25.

Navarro, V. (2003). ¿Qué es el 'pujolismo'? *El País.* Recuperado de https://elpais.com/diario/2003/11/13/opinion/1068678008_850215.html

Ojeda, A (31 enero 2011). Todavía hay cabezas pensantes que desprecian la novela negra. *El Cultural.* Recuperado de http://www.elcultural.com/noticias/buenos-dias/Andreu-Martin/1287

Ordóñez, M. (marzo 1983). Bigas Luna 'Renace' ". *Papeles de cine Casablanca*, n°27.

Ordóñez, M. (3 mayo 2007). Aquel Marat-Sade del 68. *El País.* http://elpais.com/diario/2007/05/03/cultura/1178143209_850215.html

Pablo, J. d. (26 agosto de 1982). Asesinato en el Comité Central. *ABC*, p. 14.

Pi de Cabanyes, O. (29 abril 1999). Charnego. *La Vanguardia*, p. 31.

Rodríguez, C. (22 de julio 1984). Eusebio Poncela será el nuevo Pepe Carvalho en la serie que grabará TVE. *El País.* Recuperado de https://elpais.com/diario/1984/07/22/radiotv/459295201_850215.html

Rubio. T. (21 enero 1992). Manel Esteban lleva al cine 'Los mares del Sur'. *El Periódico de Catalunya*, p. 53.

s/a (25 junio 1977). Tele 5 crea un gran centro de producción propia de series. *La Vanguardia, Suplemento Vivir*, p. 11.

s/a (febrero 1982). Asesinato en el comité central. *Fotogramas*, n°1671.

s/a (22 enero 1992). El detective Pepe Carvalho regresa al cine en "Els mars del sud" *La Vanguardia*, p. 36.

s/a (2 abril 2000). Tele 5 emite hoy 'Padre, patrón', la última entrega de Pepe Carvalho. *El Periódico de Catalunya*, p. 60.

s/a (2002). Hem de treballar perquè es consolidi la nostra indústria i es puguin filmar més pel·lícules. *Testimonios para la historia*. Recuperado de http://www.testimoniosparalahistoria.com/entrevista/sr-manel-esteban-marquilles/

Sanz, R. M. (16 julio 2003). Pepe Carvalho habla catalán hoy en un telefilme de TV-3. *El Periódico de Catalunya*, p. 76.

Sotorra, A. (26 marzo 1990). Es roda 'Los mares del Sur', de Manuel Vázquez Montalbán. *Avui*, p. 40.

Subirana, J. (29 enero 1992). De detectiu. *Avui*, p. 34.

Vara, J.A. (5 abril 1986). El realizador de 'Carvalho' contesta a Vázquez Montalbán, *ABC*.

Vara, J.A. (25 mayo 1985). La serie 'Pepe Carvalho' empezará a emitirse en enero, *ABC*.

Vázquez Montalbán, M. (1971a). Informe subnormal sobre un fantasma cultural. *Triunfo*, n°452, pp. 21–25.

Vázquez Montalbán, M. (1971b). La gauche qui rit. In memoriam. Firmado con el pseudónimo Baronesa d'Orcy. *Triunfo*, n°481, p. 59.

Vázquez Montalbán, M. (4 noviembre 1972). Ámsterdam: Capitalismo y anarquismo. *Triunfo*, n°527, pp. 26–29.

Villagrasa, M. (8 marzo 1976). 'Tatuaje', al cine. *Tele/eXprés*.

Vázquez Montalbán, M. (28 marzo 1978). ¿Contra Franco estábamos mejor? *La Calle*, n°6, pp. 14–15.

Vázquez Montalbán. (6 octubre 1981). Estado de la cuestión, cuestión de estado. *La Calle*, n°186, p. 19.

Vázquez Montalbán. (9 diciembre 1982). Un KO rápido. *El Periódico de Cataluña*, p. 4.

Vázquez Montalbán, M. (18 enero 1984a). Ménage à trois. *El País*, p. 50.

Vázquez Montalbán, M. (23 febrero 1984b). ¿Qué es España? *El País*, pp. 9–10.

Vázquez Montalbán, M. (18 mayo 1984c). Los otros pujolistas. *El País*, p. 19.

Vázquez Montalbán, M. (3 abril 1986a). Carvalho. *El País*. Recuperado de https://elpais.com/diario/1986/03/20/ultima/511657201_850215. html

Vázquez Montalbán, M. (23 octubre 1986b). 1992. *El País*, p. 52.

Vázquez Montalbán, M. (13 mayo 1989). El pacto olímpico. *El País*, p. 22.

Fuentes audiovisuales

Allouache, M. (1999). *La soledad del manager*. Editado en DVD por SAV.

Aranda, V. (1982). *Asesinato en el Comité Central*. Editado en DVD por Divisa.

Arias, R. (1979) *A fondo: Manuel Vázquez Montalbán*. Entrevista de Joaquín Soler Serrano. Editado en DVD por Gran Vía Musical.

Aristarain, A (1986). *Las aventuras de Pepe Carvalho*. Serie de televisión de 8 episodios. Recuperado de http://www.rtve.es/alacarta/videos/pepe-carvalho/

Bigas Luna, J. J. (1976). *Tatuaje*.

Cazeneuve, F. (2004). *El premi*.

Cuau, E. (1999). *Padre, patrón*. Editado en DVD por SAV

Esteban, M. (1986). *Olímpicament mort*.

Esteban, M. (1992). *Els mars del Sud*.

Giraldi, F. (1999). *Buscando a Sherezade*. Editado en DVD por SAV.

Giraldi, F. (1999). *El delantero centro fue asesinado al atardecer*. Editado en DVD por SAV.

Jaoui, L. (2003). *Cita mortal a l'Up and Down*.

Moleón, R. (1999). *Tal como éramos*. Editado en DVD por SAV

Moleón, R. (2004). *La rosa d'Alexandria.*

Segú, J. (2012). *Caleidoscopio Montalbán.* Recuperado de http://www.
rtve.es/television/20170216/caleidoscopio-montalban/614197.shtml

Subirós, P. (2016) *La cláusula Balcells.* Recuperado de http://www.rtve.
es/television/20161007/clausula-balcells-retrato-influyente-agente-
literaria-carmen-balcells-aniversario-su-muerte/1423082.shtml

Urbizu, E. (1999). *El hermano pequeño.* Editado en DVD por SAV.

Venault, P. (2004). *Els mars del Sud.*

Vila-San-Juan, M. (2010). *Barcelona era una festa (1970–1980).*
Recuperado de https://www.ccma.cat/tv3/alacarta/el-documental/
barcelona-era-una-festa-underground-1970-1980/video/3233431/

IBERO-AMERICAN SCREENS
PANTALLAS IBEROAMERICANAS

Edited by
Manuel Palacio / Miguel Fernández Labayen / Vicente Rodríguez Ortega

www.peterlang.com

www.ingramcontent.com/pod-product-compliance
Lightning Source LLC
Chambersburg PA
CBHW070339100426
42812CB00005B/1366